Italianidade
no interior paulista

FUNDAÇÃO EDITORA DA UNESP

Presidente do Conselho Curador
Mário Sérgio Vasconcelos

Diretor-Presidente
Jézio Hernani Bomfim Gutierre

Editor-Executivo
Tulio Y. Kawata

Superintendente Administrativo e Financeiro
William de Souza Agostinho

Conselho Editorial Acadêmico
Áureo Busetto
Carlos Magno Castelo Branco Fortaleza
Elisabete Maniglia
Henrique Nunes de Oliveira
João Francisco Galera Monico
José Leonardo do Nascimento
Lourenço Chacon Jurado Filho
Maria de Lourdes Ortiz Gandini Baldan
Paula da Cruz Landim
Rogério Rosenfeld

Editores-Assistentes
Anderson Nobara
Jorge Pereira Filho
Leandro Rodrigues

Oswaldo Truzzi

Italianidade no interior paulista

Percursos e descaminhos
de uma identidade étnica
(1880-1950)

Apoio:

© 2015 Editora Unesp

Direitos de publicação reservados à:
Fundação Editora da Unesp (FEU)
Praça da Sé, 108
01001-900 – São Paulo – SP
Tel.: (0xx11) 3242-7171
Fax: (0xx11) 3242-7172
www.editoraunesp.com.br
www.livrariaunesp.com.br
feu@editora.unesp.br

CIP – Brasil. Catalogação na publicação
Sindicato Nacional dos Editores de Livros, RJ

T799i

Truzzi, Oswaldo
    Italianidade no interior paulista: percursos e descaminhos de uma identidade étnica (1880-1950) / Oswaldo Truzzi. – 1.ed. – São Paulo: Editora Unesp, 2016.

ISBN 978-85-393-0622-0

    1. Imigrantes – São Paulo – História. 2. Italianos – Identidade étnica – Brasil. história. 3. Brasil – Migração – História. I. Título.

16-31542   CDD: 981
                                                                                    CDU: 94(81)

Esta publicação contou com apoio da
Fundação de Amparo à Pesquisa do Estado de São Paulo (Fapesp).

Editora afiliada:

Agradecimentos

Esta obra foi amadurecida ao longo dos últimos sete anos e é fruto de reflexões acumuladas durante o desenvolvimento dos seguintes projetos de pesquisa: *Assimilação revisitada: a incorporação de imigrantes e de seus descendentes à política local no interior paulista, 1920-1960* (CNPq, de 2011 a 2014), *Mobilidade social e inserção política: imigrantes e o poder local* (Fapesp, 2009 a 2011), *De etnia para classe: imigração e regimes de estratificação social em São Paulo* (CNPq, de 2008 a 2011), todos por mim coordenados, e *Observatório das migrações em São Paulo – Fases e faces do fenômeno migratório no Estado de São Paulo* (Fapesp, 2009 a 2013), coordenado por Rosana Baeninger. Agradeço a Angelo Trento, Rogério da Palma, Paulo Reali Nunes e ao parecerista da Editora Unesp pelas sugestões apresentadas; às instituições onde realizei a pesquisa iconográfica – listadas na seção "Créditos das imagens"–, bem como à Fapesp e ao CNPq pelo apoio e confiança emprestados.

Sumário

Prefácio   9

À guisa de introdução teórica   15

A profusão de italianos no interior paulista   21

Uma italianidade construída em São Paulo   27

No meio rural   43

No meio urbano   61

    Processos de mobilidade   61

    O movimento associativo, divisões regionais e de classe   82

    Desdobramentos políticos na terra de origem   100

    Desdobramentos políticos na terra de adoção   108

À guisa de conclusão   123

Créditos das imagens   129

Referências bibliográficas   131

Prefácio

Angelo Trento

Com este trabalho admirável, Oswaldo Truzzi dá sequência ao percurso de uma pesquisa iniciada há trinta anos, com foco em São Carlos, que agora se expande utilmente à presença italiana em todo o interior de São Paulo, em particular nas vastas regiões cafeeiras. A grande importância da contribuição que o leitor tem diante dos olhos não pode ser ignorada – entre outros tantos motivos, pela consistência das coletividades peninsulares no interior que, como evidencia o autor, representaram, até a Primeira Guerra Mundial, a maioria da colônia italiana residente no estado, com percentuais que variavam de 30% a 50% da população total de vários municípios, nos quais haviam substituído a mão de obra escrava nas fazendas, graças à imigração financiada, custeada primeiramente pelo governo central e, posteriormente, pelo governo paulista. Truzzi se detém nas condições de vida nas lavouras, na relação que se estabelece entre imigrantes e negros, na função exercida pelos italianos, que trazem consigo uma ética do trabalho própria e valorizam pela primeira vez o trabalho manual, visto até então como atividade típica da mão de obra forçada. Nesse sentido, eles podiam ser considerados um fator de modernização, principalmente nos centros urbanos, para onde com frequência se dirigiam após o final do ano agrícola por causa da vida difícil que eram obrigados a levar nas fazendas, também em função de uma disciplina herdada da mentalidade escravocrata.

Assim, os italianos se inseriram num mercado de trabalho urbano que na época ainda se apresentava indefinido e com muitas profissões que foram se delineando justamente nas décadas do maior afluxo dos oriundos da península, permitindo-lhes ocupar espaços em grande parte vazios e exercer quase um tipo de monopólio em algumas profissões – ainda que, na prática, tenham ocupado quase todas as atividades de trabalho (como demonstram os numerosos exemplos apresentados por Truzzi) –, tanto em ocupações marginais (por exemplo, como mascates, trabalho ambulante transmitido posteriormente a outras etnias) quanto em setores artesanais que requeriam um mínimo de profissionalismo. Essa presença maciça nos municípios do interior e mesmo na capital do estado alimentou durante muito tempo a impressão de se estar mergulhado em cidades italianas, por causa do idioma e, mais ainda, por causa dos dialetos que ecoavam pelas ruas, pelas placas dos estabelecimentos comerciais, e pelo estilo, interno e externo, das habitações.

Nas condições descritas, não é surpreendente que se tenham registrado fenômenos não episódicos de mobilidade social e a formação de uma elite étnica no comércio e na indústria – fenômeno estimulado pela expansão do café – da qual nos é fornecido um vigoroso elenco em diversos municípios e que tem como testemunha o notável aumento das propriedades imobiliárias. E, se alguns nomes que emergiram (e alimentaram o mito do *self made man*) conseguiram até mesmo estabelecer laços de parentesco com famílias oligárquicas brasileiras, a norma, sugere-nos o autor, foi representada por uma elite que, ao contrário daquela da capital paulista, era quase toda de origem modesta, que não apresentou a possibilidade de exibir as grandes fortunas acumuladas pelos milionários italianos da capital. De resto, o que impressiona mais no êxodo italiano para o Brasil é a afirmação, ainda que não grandemente difundida, de ascensões sociais pouco espetaculares, mas que garantem ao imigrante e a sua família a possibilidade de conduzir uma existência digna.

Nesse quadro geral, Truzzi propõe um tema até agora pouco questionado no Brasil pela historiografia imigratória e se interroga sobre os caminhos pelos quais os italianos – nesse caso, no interior do estado de São Paulo – primeiro constroem e depois assimilam, em um período de setenta anos, uma identidade étnica própria, e sobre como isso incide sobre os descendentes e, até mesmo, sobre a sociedade que os acolheu. É notório que, quando começou a emigração de massa com destino ao Brasil, não existia na Itália um senso compartilhado de pertencimento, tanto que alguns estudiosos, como Donna Gabaccia, preferem falar de emigrantes da Itália em vez de emigrantes italianos e de diásporas em lugar de diáspora. Com efeito, a unidade nacional havia sido conquistada havia 25 anos apenas e os habitantes da península se caracterizavam por práticas culturais e processos sociais diferentes entre si, na grande maioria das vezes ignorando a língua italiana, falando somente os próprios dialetos e tornando difícil, quando não impossível, a comunicação entre pessoas de diferentes regiões.

Entre as classes sociais que alimentaram os fluxos emigratórios, era quase ausente qualquer apego à pátria (que, além do mais, as havia obrigado a partir para sobreviver e não as protegia no exterior), faltando-lhes até o conhecimento desse conceito. A afirmação de uma identidade comum era dificultada pela existência de memórias diferentes e pela falta de valores amplamente reconhecidos, circunstâncias essas que geravam desconfiança. Por outro lado, cada um sentia pertencer a subculturas que nada tinham em comum (nem mesmo no plano linguístico) com as outras, que apareciam como completamente alheias, embora expressassem um pertencimento geográfico à nação. Prevaleciam, portanto, outras identidades, com ênfase, como evidencia este volume, para as regionais ou, até mesmo, locais, reforçadas no exterior por correntes emigratórias de mesma natureza e por redes sociais ativas, que garantiam aos recém-chegados hospedagem, oportunidades de trabalho, além de pequenos auxílios por parte de imigrados provenientes do mesmo município durante os primeiros anos de sua fixação, os mais difíceis de superar.

No entanto, com o passar das décadas, um senso de identidade nacional conseguiu emergir e se afirmar, talvez sem suplantar as velhas identidades, mas colocando-se lado a lado com elas. Destaque-se, como faz o autor, que isso ocorreu no exterior mais facilmente e de maneira mais precoce que na Itália – no Brasil, a partir do início do século XIX, graças a fatores internos e externos à coletividade. Entre estes últimos, emerge com força a circunstância de estar-se de posse de documentos que qualificavam os imigrantes como italianos, mas, sobretudo, o fato de serem percebidos pela opinião pública local e por outros grupos étnicos como provenientes de uma Itália indiferenciada, como um "eles" em relação a um "nós". Contudo, os fatores internos talvez tenham sido os mais importantes. Para começar, ao contrário do que acontecia na Itália até a Primeira Guerra Mundial, havia a possibilidade de se trabalhar lado a lado com imigrantes de proveniência regional diversa, de se familiarizar com eles, de viver uma condição comum, de compartilhar a mesma sorte, as mesmas ânsias, as mesmas preocupações, estabelecendo, assim, vínculos profundos com outros italianos, vínculos impossíveis no país de origem.

No Brasil, como em outras metas do êxodo, o esforço feito para infundir um senso comum de pertencimento foi levado adiante não tanto pelas escolas italianas que surgiram quanto por algumas ordens religiosas, como os escalabrinianos, e pela elite econômica e intelectual, através da miríade de periódicos que procuravam suscitar nos conterrâneos o orgulho de ser italiano (e de ter feito progredir, com sua presença e seu trabalho, a economia e a sociedade brasileiras). Acrescentem-se as igualmente numerosas associações étnicas que viram a luz além-mar, na maioria de socorros mútuos (por causa das carências persistentes de um sistema de previdência social), mas também de outras naturezas: beneficentes, culturais, de caráter econômico, de fruição do tempo livre ou esportivas. Estas nasceram exclusivamente nos centros urbanos e foram reservadas aos imigrantes e seus descendentes. Embora em sua grande maioria os inscritos pertencessem às classes populares, tais sodalícios eram quase sempre direta ou indiretamente geridos por membros da elite e, mais raramente, pelas classes médias intelectuais imigradas. Truzzi justamente evidencia como eles se serviam de tais agremiações como centros de poder e de controle da coletividade (circunstância, de resto, demonstrada por sua tendência contínua ao sectarismo), além da manutenção das relações com as oligarquias locais, enquanto a maioria dos sócios limitava-se a usufruir dos serviços garantidos pelos estatutos ou a desfrutar dos espaços de socialização colocados à disposição, não intervindo – ou fazendo-o em medida mínima – nas assembleias e nas eleições dos órgãos diretivos. É verdade que também foram fundadas sociedades cujo eixo era representado por identidades mais restritas (regionais ou locais), mas, no Brasil, e sobretudo no interior, estas foram relativamente poucas se comparadas, por exemplo, com os Estados Unidos, prevalecendo as que se estendiam aos nativos de todas as regiões, que tinham, além do mais, a vantagem de poder reunir, em uma única sede, imigrantes provenientes de diversas áreas italianas e pertencentes a diferentes classes sociais, facilitando sua aproximação.

Quaisquer que fossem as causas, o tema do "despertar nacional" somente veio verdadeiramente à baila com a conquista italiana da Líbia e, mais ainda, com a Primeira Guerra Mundial, graças à convicção de que a Itália enfim havia entrado no grupo das grandes potências, circunstância essa que deu novo impulso à retórica patriótica por parte de associações e imprensa étnicas, envolvendo, pela primeira vez, as classes populares dos imigrantes. Mas, ao lado da difusão da identidade, o autor nos mostra como, *pari passu*, se afirmava a prática da integração na sociedade de acolhimento e como tal integração não significava o enfraquecimento da identidade nacional, mas sim um enriquecimento recíproco em termos de multiculturalismo, dimensão na qual a etnia convive com outras categorias analíticas e doa algo (com frequência muito) à nova pátria, recebendo, em igual medida, e fundindo-se com ela. De alguma maneira, não só a experiência brasileira, como também a latino-americana em geral, se distanciam – por uma série de motivos – da estadunidense, onde as diferenças culturais e até sociais deram origem a um fenômeno que perdura até hoje, o do *lobby* étnico. Os brasileiros de origem italiana (como também os argentinos, uruguaios etc.) são precisamente brasileiros de origem italiana e não ítalo-brasileiros, com hífen, como ocorre nos Estados Unidos.

Esse processo de inclusão pode ter sido mais ou menos lento, de acordo com alguns fatores: situações de isolamento territorial, idade, forte componente nacionalista, estratégias de emigração, maior persistência de identidades regionais, todas situações bem ilustradas por Truzzi. A longo prazo, no entanto, prevaleceu o multiculturalismo, ainda que em determinados períodos históricos tenham existido obstáculos a esse processo. No nosso caso, isso aconteceu durante o fascismo, que procurou usar os emigrados como massa de manobra para colocar em prática um expansionismo comercial, ideológico e de potência, ao ponto de não os definir mais como "emigrantes", mas como "italianos no exterior", de conquistá-los politicamente e de utilizar os representantes diplomáticos como propagandistas do regime. Pessoalmente, não considero, como faz Bertonha, aqui citado por Truzzi, que a adesão ao fascismo das classes subalternas que haviam emigrado para o Brasil tenha sido mais formal do que substancial, mais superficial do que interiorizada. Na realidade, a ditadura de Roma conseguiu de alguma maneira consolidar aquele processo de construção da consciência nacional iniciado nos primeiros anos do século XX e o fez graças ao prestígio que Mussolini foi conquistando internacionalmente, permitindo aos imigrantes se sentirem orgulhosos por pertencer a um país que, aos olhos de muitos, parecia moderno, organizado e temido. Tudo isso foi sustentado de maneira eficaz por uma obra insistente de convencimento, destinada a fazer coincidir, no imaginário dos imigrados, a pátria com o fascismo e a politizar o próprio conceito de identidade nacional. No Brasil, porém, essa operação desmoronou com o segundo conflito mundial e a declaração de guerra à Itália por parte do governo de Getúlio Vargas impeliu grande parte dos italianos residentes a escolher, ainda que obrigados, a nova pátria (onde haviam nascido seus filhos e onde haviam estabelecido laços sólidos) em detrimento da antiga, que agora sucumbia sob o peso de suas falsidades e de suas conquistas ilusórias.

À guisa de introdução teórica

A presente obra discute o tema da identidade étnica italiana entre os anos de 1880 e 1950, no contexto específico do interior do estado de São Paulo, destino para o qual rumou a maior parte dos imigrantes desta origem. Para tal, procura-se argumentar como, em conjunturas históricas distintas, processos de afirmação da *identidade* e processos de *assimilação* marcaram a trajetória de italianos nessa vasta região onde predominou a economia cafeeira.

De um ponto de vista teórico, parte-se do pressuposto de que a identidade étnica (em nosso caso, italianidade) é essencialmente uma fronteira social[1] interposta entre um determinado grupo e "os outros". Tal distinção é tipicamente contextualizada numa variedade de diferenças culturais e sociais entre grupos que leva indivíduos a pensar algo do tipo "eles não são como nós". As variações na identidade étnica de um grupo – seja no sentido da assimilação, seja, inversamente, no sentido do reforço de uma identidade étnica – podem ocorrer então através de mudanças que se dão em ambos os lados da fronteira entre um determinado grupo imigrante e o restante da sociedade (onde se incluem nativos desta própria sociedade e outros grupos de imigrantes).

---

1 Barth, Grupos étnicos e suas fronteiras, in Poutignat, *Teorias da etnicidade*.

Referimo-nos aqui ao conceito de assimilação reformulado,[2] expurgado de seus elementos espúrios,[3] e que continua a ser relevante para explicar a incorporação, a longo prazo, de imigrantes à sociedade, ainda que esta não constitua a única possibilidade.[4] Nesta nova formulação, assimilação se associa, em nosso caso, à italianidade, pois significa o declínio[5] de uma distinção étnica e de suas diferenças culturais e sociais resultantes.

Assim definida, a assimilação não requer necessariamente o desaparecimento da etnicidade, embora signifique reconhecer que as origens étnicas, salvo circunstâncias excepcionais, tornaram-se progressivamente menos relevantes e que indivíduos de ambos os lados da fronteira tendem a se ver cada vez mais como similares em termos de algum outro fator crítico, como, por exemplo, a classe social.

A assimilação tampouco se apresenta como resultado inevitável, universal, da trajetória de grupos minoritários. Ao contrário, trata-se de um processo incremental, que ocorre a diferentes ritmos entre indivíduos e grupos e que não se apresenta ainda como resultado de um único mecanismo causal, mas

---

2 Nos EUA, consultar Alba e Nee, *Remaking the American mainstream: assimilation and contemporary immigration*; no Brasil, Truzzi, *Assimilação re-significada: novas interpretações de um velho conceito*. Dados, Rio de Janeiro, v.55, p.517-53, 2012.

3 A partir de meados dos anos de 1960, o conceito de assimilação recebeu críticas devidas a seu caráter inelutável e etnocêntrico, que preconizava que quaisquer características associadas a um grupo étnico em uma dada sociedade receptora tendiam inevitavelmente a desaparecer, diluindo-se no padrão dominante.

4 Entre outras, as mais relevantes são o pluralismo/transnacionalismo étnico (Basch, Glick-Schiller e Blanc-Szanton, *Nations Unbound: Transnational Projects, Post-Colonial Predicaments and De-Territorialized Nation-States*; Portes, Convergências teóricas e dados empíricos no estudo do transnacionalismo imigrante. *Revista Crítica de Ciências Sociais*, 69, p.73-93) ou a assimilação segmentada (Portes e Zhou, The New Second Generation: Segmented Assimilation and Its Variants. *Annals of the American Academy of Political and Social Science*, n.530). Resumidamente, o chamado modelo pluralista advoga a conservação ou mesmo o incremento das características étnicas de cada grupo e das fronteiras entre grupos, ao longo de gerações; o transnacionalismo, por sua vez, chama a atenção para a referência identitária e cultural simultânea a países de origem e destino dos imigrantes; enquanto o modelo da assimilação segmentada enfatiza a consolidação de um determinado grupo como minoria prejudicada e marginal, impossibilitada de ascender socialmente de uma geração à outra.

5 Declínio significa que distinções étnicas tendem a se tornar menos relevantes com o tempo, que as ocorrências para as quais elas são significativas diminuem em número, e que produzem efeitos sobre domínios cada vez mais restritos da vida social.

de um conjunto de mecanismos que varia segundo grupos étnicos e raciais, forjando modos de incorporação distintos.

Este modo cuidadoso de tratar a questão da afirmação étnica pressupõe estratégias variadas, ora de aceitação, ora de resistência, ao processo de assimilação. Em qualquer processo migratório, é óbvio que culturas tradicionais de origem não se mantêm inalteradas. Mas também é evidente que os caminhos que conduziram à plena integração, num trabalho que o tempo realiza ao longo de gerações, podem variar muito. O desafio é, portanto, empreender uma narrativa sensível desse processo, sem abastardá-la segundo um padrão preconcebido e invariável para quaisquer grupos. Desse modo, abandona-se a noção de identidade étnica como a-histórica, para entendê-la como "construção cultural historicamente determinada e iterativamente renegociada, por solicitações tanto internas ao próprio grupo, quanto externas da sociedade mais ampla".[6]

No caso específico da construção de uma identidade nacional, como a aqui tratada, o cientista político Benedict Anderson designou-a como uma comunidade imaginada.[7] Dito em outras palavras, compreende-se a identidade nacional como um sentimento de pertencimento forjado a partir de narrativas que agregam pessoas de um mesmo território (no caso, indivíduos de um mesmo estado-nação) a partir da suposição de uma história comum, mesmo que essas pessoas sequer se conheçam.

> [...] na verdade, as identidades nacionais não são coisas com as quais nós nascemos, mas são formadas e transformadas no interior da representação. Nós só sabemos o que significa ser "inglês" devido ao modo como a "inglesidade" (Englishness) veio a ser representada – como um conjunto de significados – pela cultura nacional inglesa. Segue-se que a nação não é apenas uma entidade política, mas algo que produz sentidos – um sistema de representação cultural. As pessoas não são apenas cidadãos/ãs legais de uma nação; elas participam da

---

[6] Truzzi, *Patrícios – Sírios e libaneses em São Paulo*, p. 229. Foi Charles Tilly (Transplanted Networks. In: Yans McLaughlin, *Immigration Reconsidered*: History, Sociology and Politics) quem chamou a atenção para a face de Janus (deus romano, dotado de dupla face, que simboliza a transição) do conceito de etnicidade, ao enfatizar a necessidade de se olhar ao mesmo tempo para as realidades tanto internas ao grupo quanto externas, colocadas pela sociedade inclusiva.

[7] Anderson, *Comunidades imaginadas: reflexões sobre a origem e a difusão do nacionalismo*.

ideia da nação tal como representada em sua cultura nacional. Uma nação é uma comunidade simbólica e é isso que explica seu "poder para gerar um sentimento de identidade e lealdade".[8]

Sendo assim, reitera-se que a italianidade não pode ser encarada como categoria fixa e já previamente estabelecida, devendo ser vista como uma forma de identificação construída a partir da experiência social heterogênea daqueles denominados como "italianos".[9] No caso específico da imigração italiana para o interior do estado de São Paulo, cabe então a seguinte pergunta, que procuraremos responder: como se configurou histórica e socialmente a identidade étnica dos italianos, um grupo cuja chegada em massa ao interior paulista se iniciou no último quartil do século XIX?

Desde logo, pode-se observar o "trânsito de construções sociais acerca do italiano, ora positivas, ora negativas",[10] acionadas por narrativas de agentes sociais interessados em influenciar a visibilidade ou invisibilidade e a valorização ou desvalorização da italianidade. Um grupo especialmente importante desses agentes são os próprios imigrantes e seus descendentes. São eles que irão propor narrativas de sua experiência social, selecionando conteúdos que alimentarão um processo de construção de memórias. Tal processo, como teorizou o sociólogo francês Halbwachs,[11] é ao mesmo tempo coletivo e individual, pois é elaborado pelo indivíduo, mas cristalizam-se em memória

---

8 Hall, *A identidade cultural na pós-modernidade*, p.47.
9 Stuart Hall também alerta para os perigos de se apropriar conceitualmente do termo identidade. Segundo esse autor, tal conceito é muitas vezes utilizado tendo como pressuposto um sujeito autocentrado, no qual a identidade estaria presente de forma fixa e estanque. Em suas palavras, "é precisamente porque as identidades são construídas dentro e não fora do discurso que nós precisamos compreendê-las como produzidas em locais históricos e institucionais específicos, no interior de formações e práticas discursivas específicas, por estratégias e iniciativas específicas. Além disso, elas emergem no interior do jogo de modalidades específicas de poder e são, assim, mais o produto da marcação da diferença e da exclusão do que o signo de uma idêntica, naturalmente constituída, de uma 'identidade' em seu significado tradicional – isto é, uma mesmidade que tudo inclui, uma identidade sem costuras, inteiriça, sem diferenciação interna" (Hall, Quem precisa de identidade, in: Silva; Hall; Woodward (Orgs.), *Identidade e diferença: a perspectiva dos estudos culturais*, p.109). Para uma aplicação do conceito sobre as trajetórias de outro grupo migratório (sírios e libaneses) em São Paulo, consultar Truzzi, op. cit., cap.3.
10 Zanini, Um olhar antropológico sobre fatos e memórias da imigração italiana, *Mana*, v.13 (2), p.523.
11 Halbwachs, *A memória coletiva*.

apenas os elementos que são reativados constantemente como portadores de significado e valorização coletivas.[12]

Cabe indagar ainda de que depende a experiência social desses agentes interessados em propor narrativas que conformam historicamente as identidades. Neste ponto, observam-se processos operando nos níveis individual (familiar) e de grupo – configurados pelas formas de capital (social, econômico e educacional) que os imigrantes possuem –, bem como processos institucionais – condicionados pelo mercado de trabalho e pela atuação do estado.[13] Assim, a construção de uma narrativa de assimilação ou de afirmação de uma identidade étnica não depende unicamente da agência de indivíduos ou de grupos de indivíduos, mas também de processos estruturais que oferecem (ou não) oportunidades e conteúdos identitários.

Figura 1. Giuliano (Juliano) Parolo, imigrante italiano que chegou ao porto de Santos em 1892 e estabeleceu-se em São Carlos como fabricante de ladrilhos e empreiteiro de construções, comemora em 1917 com sua família os 25 anos de sua chegada ao Brasil.
Fonte: Truzzi, *Café e indústria. São Carlos, 1850-1950*.

---

12 Zanini, Ibid.
13 Alba e Nee, op. cit.

Em seu conjunto, tais elementos situam-se na interseção entre: 1) os *backgrounds* social, econômico e cultural trazidos pelos imigrantes aqui chegados da terra de origem; 2) os condicionantes de sua inserção na nova terra (sobretudo tendo em vista as especificidades do mercado de trabalho e as oportunidades de mobilidade), tanto no meio rural quanto no meio urbano do interior de São Paulo; e 3) os desenvolvimentos relativos aos contextos políticos e ideológicos de cada uma das nações (Itália e Brasil) ao longo do período enfocado. São precisamente tais tópicos que estruturam a presente obra, precedidos desta introdução e de um item sobre a localização e relevância dos italianos no interior do estado de São Paulo.

A profusão de italianos no interior paulista

Algumas poucas cifras podem atestar a relevância dos italianos no estado de São Paulo e, em particular, no interior paulista. Na era das migrações em massa, dos mais de quatro milhões de imigrantes que chegaram ao Brasil entre 1888 e 1939, os italianos representaram o maior grupo, perfazendo 34% dos ingressados no país.[1]

O período mais intenso de chegadas situou-se entre os anos de 1886 e 1900, quando os italianos representaram 57% de todos os imigrantes que entraram no Brasil.[2] Em 1902, o governo italiano, após tomar conhecimento das condições desfavoráveis de inserção dos italianos nas lavouras paulistas, proibiu a vinda de imigrantes com passagens subsidiadas, o que determinou uma diminuição significativa do fluxo. Segundo o demógrafo italiano Giorgio Mortara, naquele ano, que registrou provavelmente o ápice da presença relativa de italianos na população nacional, cerca de 600 mil italianos residiam no Brasil.[3]

---

1 Nugent, *Crossings: the great transatlantic migrations, 1870-1914*, p.125.
2 Trento, Italianità in Brazil: a disputed object of desire, in: Tomasi et al., *The Columbus people: perspectives in Italian immigration to the Americas and Australia*, p.251.
3 Mortara, A imigração italiana no Brasil e algumas características demográficas do grupo italiano de São Paulo, *Revista Brasileira de Estatística*, v.XI, n.42, p.323-36.

No panorama nacional, o estado de São Paulo foi o destino de cerca de 70% dos italianos que vieram ao Brasil entre 1870 e 1920.[4] O historiador italiano Angelo Trento estimou 67% para a mesma cifra entre 1889 e 1919, observando que esta atinge seu ponto máximo na década de 1900 a 1909, com 79%.[5] O censo realizado em 1920, quando o fluxo da imigração italiana ao Brasil não era mais tão expressivo, apurou 558.405 italianos no país, 71% dos quais residiam no estado de São Paulo. Tal cifra não toma em consideração os filhos de italianos já nascidos no Brasil, na época já bastante abundantes.

Tabela 1. Entradas dos principais grupos de imigrantes em São Paulo, 1872-1949.

Ano	Italianos	Portugueses	Espanhóis	Japoneses	Total das entradas*
1872-1879	45467	55027	3392	–	176337
1880-1889	277124	104690	30066	–	448622
1890-1899	690365	219353	164293	–	1198327
1900-1909	221394	195586	113232	861	622407
1910-1919	138168	318481	181651	27432	815453
1920-1929	106835	301815	81931	58284	846647
1930-1939	22170	102743	12746	99222	332768
1940-1949	15819	45604	4702	2828	1140885

Gráfico 1. Entradas dos principais grupos de imigrantes no estado de S. Paulo, 1872-1949*

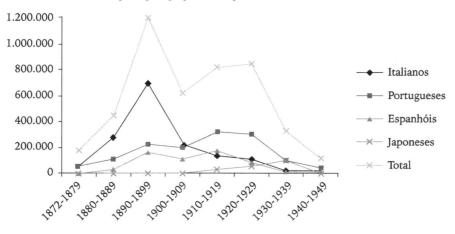

* Inclui outros grupos (Levy, *O papel da migração internacional na evolução da população brasileira*, 1974)

---

4 Alvim, *Brava gente! Os italianos em São Paulo*, p.118.
5 Trento, *Do outro lado do Atlântico: um século de imigração italiana no Brasil*, p.107.

No estado, a imensa maioria dos italianos dirigiu-se para o interior, carreados para as lavouras cafeeiras em expansão. O historiador norte-americano Thomas Holloway estimou que, entre os anos de 1893 e 1910, nove em cada dez imigrantes que deixaram a hospedaria localizada no Brás, em São Paulo, dirigiram-se ao Oeste Paulista.[6] Acumulavam-se sobretudo nas zonas servidas pelas ferrovias Paulista e Mogiana. No eixo da primeira, a se tomar São Carlos como exemplo do que se passava em outros núcleos, 30% da população em 1907 era nascida na Itália.[7] No eixo da Companhia Mogiana, graças à excelência de suas terras, Ribeirão Preto tornou-se, ainda no século XIX, o núcleo mais importante de produção cafeeira de todo o estado. Nesse município, outro censo, ainda que toscamente realizado em 1902, apontava 21.765 italianos habitando Ribeirão Preto, o que correspondia a quase metade de sua população.[8] Em outro eixo da expansão ferroviária, apurou-se que em 1902, em Jaú, nasciam 80% mais crianças filhas de italianos do que de brasileiros.[9]

Por ocasião do censo de 1920, cerca de 400 mil italianos habitavam o estado de São Paulo, 77% dos quais domiciliados *fora* da capital. O mapa da Figura 3 indica as áreas do interior com maior concentração de italianos no estado naquela data.

Obviamente, é possível questionar a propriedade de uma discussão sobre italianidade no contexto específico do interior paulista. Esta obra toma um partido favorável a tal recorte,[10] sem contudo deixar de reconhecer processos

---

6 Holloway, *Imigrantes para o café*, p.62.
7 São Carlos. Censo de 1907, manuscrito.
8 Foerster, *The Italian emigration of our times*, p.316.
9 Oliveira, *Impasses no novo mundo: imigrantes italianos na conquista de um espaço social na cidade de Jaú (1970-1914)*, p.59.
10 Também Furlanetto (*O associativismo como estratégia de inserção social: as práticas sócio-culturais do mutualismo imigrante italiano em Ribeirão Preto (1895-1920)*, p.97), ao estudar as associações italianas de Ribeirão Preto, recomenda "evitar generalizações a respeito das práticas promovidas pelas sociedades, como se elas tivessem sido homogêneas em todo o estado de São Paulo". Do mesmo modo, Vecoli, ao apresentar uma coletânea de estudos sobre italianos em municípios pequenos e rurais do território americano, argumentou que a experiência dos imigrantes italianos em grandes cidades americanas esteve longe de abarcar "as categorias de ambientes nas quais os italianos viveram e trabalharam" (Vecoli, *Italian immigrants in rural and small town America*, p.1).

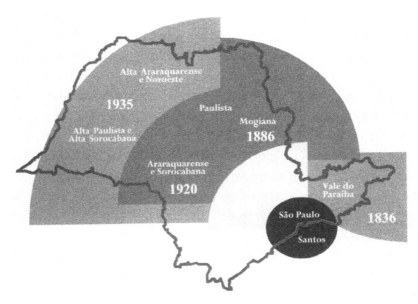

Figura 2. A "onda verde", representada pela marcha do café rumo ao oeste do estado de São Paulo. Fonte: Argolo, *Arquitetura do café*, p.144.

gerais que produziram impacto sobre as identidades de italianos e descendentes indistintamente na capital, no interior e, mais amplamente, em todo o Brasil. Não obstante, a expressão numérica dos italianos no interior paulista – muitas vezes ignorada –, mais a produção acadêmica sobre o tema, bastante centrada sobre o que ocorreu na capital,[11] conjugadas a uma série de condicionantes peculiares ao mundo rural e às cidades interioranas paulistas, justificam o recorte empírico aqui proposto.

---

11 Holloway (Italians in São Paulo, Brazil: From Rural Proletariat to Middle Class. In: Tropea (eds.), *Support and Struggle: Italians and Italian Americans in a Comparative Perspective*, p.125), por exemplo, observou que "tem sido realizados muito menos estudos enfocando a questão da mobilidade de italianos nas pequenas comunidades do interior de São Paulo que na capital". Di Gianni (*Italianos em Franca*, p.61-2), ao analisar o caso de Franca, observou que "toda a discussão sobre a ascensão social do imigrante e sua participação no processo de industrialização paulista tem se limitado à observação dos maiores empresários paulistanos", que tal viés "traz limites à investigação do papel modernizador do imigrante nas atividades urbanas", para concluir que "faltam pesquisas sobre as pequenas e médias cidades do interior do estado de São Paulo".

Italianidade no interior paulista

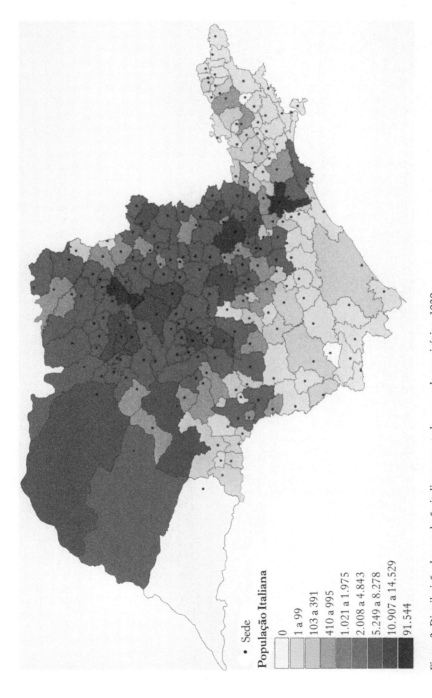

Figura 3. Distribuição da população italiana no estado, segundo municípios, 1920.
Fonte: Bassanezi; Scott; Bacellar; Truzzi, *Atlas da imigração internacional em São Paulo 1850-1850*, p.53.

Uma italianidade construída em São Paulo

A chegada em massa de italianos ao estado de São Paulo pôde se desenvolver plenamente graças à decisiva atuação das elites rurais do estado, que já vinham havia tempos buscando uma solução ao problema da substituição da mão de obra cativa para a lavoura do café, sobretudo nas áreas de expansão do plantio conhecidas como "novo oeste". Apesar de chegarem contingentes de italianos a São Paulo desde a década de 1870, o passo decisivo foi dado em julho de 1886, quando famílias importantes da cafeicultura paulista, como os Prado, os Souza Queiroz e os Paes de Barros, fundaram a Sociedade Promotora da Imigração, destinada a incentivar a imigração estrangeira em larga escala para o estado. Inicialmente, a quase totalidade do fluxo foi composta por italianos, dando-se preferência à imigração de famílias, justificada pela conveniência de estas poderem encontrar colocação mais rapidamente, além de ficarem mais felizes em virtude da não desagregação familiar, da possibilidade de encontrarem trabalho juntos e de poderem complementar sua renda.[1]

---

1 Hutter, *Imigração italiana em São Paulo (1880-1889)*, p.33; Alvim, op. cit., p.49.

Figura 4. Família de imigrantes italianos em foto de passaporte, 1920.
Fonte: AEL.

Assim, a Sociedade Promotora de Imigração se caracterizou como um projeto bem-sucedido da elite de produtores de café: ao cabo de seus nove anos de atividade, contratou e introduziu 266.732 imigrantes no estado, que obtiveram pronta colocação nas fazendas.[2]

Mudou também o próprio serviço de imigração do estado, que, com a sua dissolução em 1895, irá seguir a mesma forma de atuação, incorporando todo o *modus operandi* já estabelecido. Este quarto de milhão de pessoas permitirá que a lavoura cafeeira continue a se desenvolver e possa também expandir para as terras desocupadas do oeste paulista.[3]

Uma das características mais importantes de tal *modus operandi* era que as famílias imigrantes chegavam a São Paulo com passagens *pagas* pelo estado.

---

2 Bianco, *A sociedade promotora de imigração (1886-1895)*, p.85.
3 Santos, A sociedade promotora de imigração: formação e influência, 1886-1895, *Histórica*, n.25.

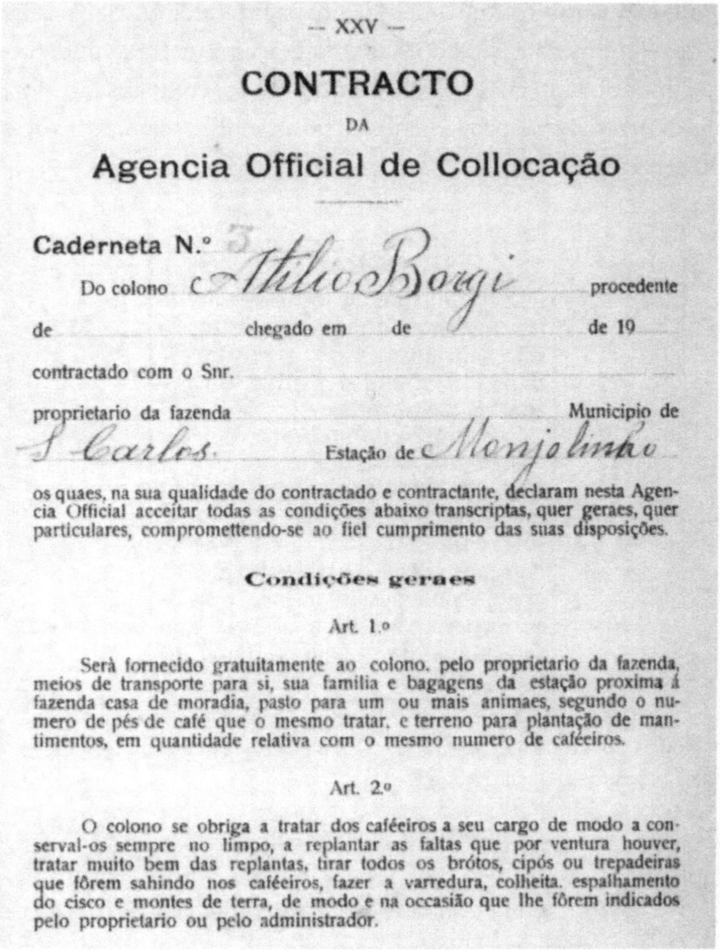

— XXV —

CONTRACTO
DA
Agencia Official de Collocação

Caderneta N.°

Do colono *Attilio Borgi* procedente

de _____ chegado em ____ de ____ de 19__

contractado com o Snr. _____

proprietario da fazenda _____ Municipio de

S. Carlos Estação de *Monjolinho*

os quaes, na sua qualidade do contractado e contractante, declaram nesta Agencia Official acceitar todas as condições abaixo transcriptas, quer geraes, quer particulares, comprommettendo-se ao fiel cumprimento das suas disposições.

Condições geraes

Art. 1.º

Será fornecido gratuitamente ao colono, pelo proprietario da fazenda, meios de transporte para si, sua familia e bagagens da estação proxima á fazenda casa de moradia, pasto para um ou mais animaes, segundo o numero de pés de café que o mesmo tratar, e terreno para plantação de mantimentos, em quantidade relativa com o mesmo numero de caféeiros.

Art. 2.º

O colono se obriga a tratar dos caféeiros a seu cargo de modo a conserval-os sempre no limpo, a replantar as faltas que por ventura houver, tratar muito bem das replantas, tirar todos os brótos, cipós ou trepadeiras que fôrem sahindo nos caféeiros, fazer a varredura, colheita, espalhamento do cisco e montes de terra, de modo e na occasião que lhe fôrem indicados pelo proprietario ou pelo administrador.

Figura 5. Contrato no qual se estipulavam obrigações e direitos dos colonos e dos fazendeiros.
Fonte: Acervo Malta Campos.

De fato, entre os anos de 1888 e 1914, mais significativos para a chegada de italianos, a imigração subsidiada representou mais de 60% das entradas.[4] Zuleika Alvim, referindo-se a um período maior (entre 1893 e 1928), apurou que 73% das novas chegadas à Hospedaria dos Imigrantes em São Paulo eram de imigrantes subsidiados.[5] A chegada em massa de imigrantes com passagens

---

[4] Nugent, *Crossings: The Great Transatlantic Migrations, 1870-1914*, p.127.
[5] Alvim, op. cit., p.91.

pagas – ainda que muito conveniente para os fazendeiros, que podiam assim manter deprimidos os custos do trabalho graças à oferta abundante de mão de obra – impunha um custo para o erário público, compensado, porém, pelo aumento da arrecadação proveniente de taxas sobre a exportação de café, que agora se expandia.[6]

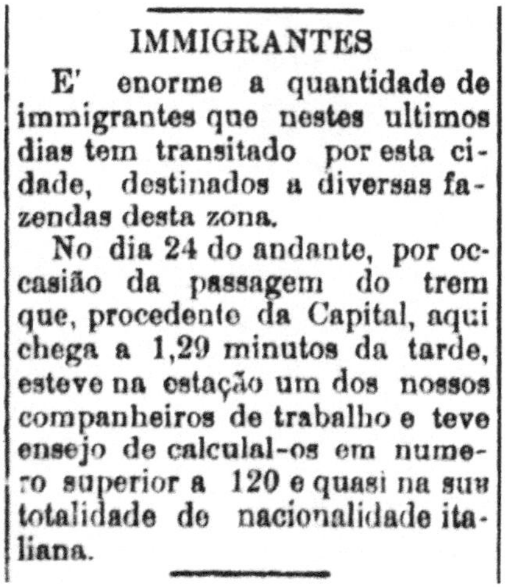

> **IMMIGRANTES**
>
> E' enorme a quantidade de immigrantes que nestes ultimos dias tem transitado por esta cidade, destinados a diversas fazendas desta zona.
>
> No dia 24 do andante, por occasião da passagem do trem que, procedente da Capital, aqui chega a 1,29 minutos da tarde, esteve na estação um dos nossos companheiros de trabalho e teve ensejo de calcular-os em numero superior a 120 e quasi na sua totalidade de nacionalidade italiana.

Figura 6. Notícia publicada no *Correio de São Carlos* em 17 de março de 1901, sobre a chegada volumosa de imigrantes italianos a São Carlos.
Fonte: FPM.

A Sociedade Promotora tratou de estimular a chamada de parentes daqueles já radicados nas lavouras cafeeiras, ao mesmo tempo que ampliava a propaganda no meio rural italiano, dando preferência a famílias já constituídas.[7] Além disso, tratava-se de uma mão de obra muito pouco qualificada, em sua maior parte analfabeta[8] e, talvez por isso mesmo, disposta a ser explorada em troca de sua mera sobrevivência física. Os Estados Unidos, que atraíram

---

6 Hall, *The Origins of Mass Immigration in Brazil*; Cenni, *Italianos no Brasil: "Andiamo in 'Mérica..."*, p.223.
7 Cenni, op. cit., p.210.
8 João Fabio Bertonha (*O fascismo e os imigrantes italianos no Brasil*, p.121) estimou em 80% o grau de analfabetismo na Itália ao final do século XIX, enquanto Robert Foerster (op. cit., p.96), referindo-se ao sul da Itália nos primeiros anos do século XX, afirma que três entre quatro habitantes de seis anos ou mais não sabiam ler ou escrever.

muito mais imigrantes que o Brasil, jamais adotaram tal política. Na vizinha Argentina, o esquema de subsídios vigeu por apenas três anos, sendo abandonado após um debate que pesava os prós e contras de tal política migratória.[9]

Por causa disso, não há dúvida de que, comparativamente a outros países receptores, São Paulo atraiu um estoque disponível de migrantes muito pouco qualificado, muitos dos quais não teriam sequer condições de se organizar para imigrar, não fosse o papel ativo da Sociedade Promotora da Imigração – papel encampado em seguida pelo próprio governo paulista – em arrebanhar famílias próximas da miséria e dispostas a cruzar o Atlântico com passagens pagas pelo estado. Como por várias vezes esclareceu Martinho Prado Júnior,

> [...] o imigrante que vem para o Brasil em regra não tem recurso nenhum, são os que vivem na miséria em seu país; o que vai para a República Argentina é o que tem alguns recursos, algum capital [...]. Emigra para o Brasil somente o indivíduo sem recurso, assaltado pela necessidade sob todas as suas formas, e o faz encontrando passagem gratuita ou reduzida, contentando-se com subsistência garantida e isenção de serviço militar para seus filhos.[10]

Figura 7. Italianos na colheita do café, c. 1904-1906. Observe-se a presença de mulheres.
Fonte: APHRP.

---

9 Devoto, *Historia de la inmigración en la Argentina*.
10 Apud Beiguelman, *A formação do povo no complexo cafeeiro: aspectos políticos*, p.112 e 118.

Figura 8. A colheita era o período de maior necessidade de mão de obra e, por causa disso, a época mais propícia para os colonos apresentarem suas demandas aos fazendeiros.
Fonte: Rottelini, *Il Brasile e gli italiani*.

Figura 9. As crianças desde cedo também ajudavam no trabalho dos cafezais.
Fonte: Tirapeli, *São Paulo: artes e etnias*, p.263.

Portanto, de modo geral tratou-se de uma imigração muito pouco qualificada, mas, por isso mesmo, adequada aos propósitos das elites rurais que desejavam tão somente substituir a mão de obra escrava nas fazendas de café.

Esse desconhecimento inicial, entretanto, era irrelevante para o Oeste mais novo, uma vez que o aprendizado dos rudimentares trabalhos da cafeicultura se fazia rapidamente. Assim o fazendeiro dessas áreas selecionou seu elemento de trabalho menos na base de uma experiência agrícola que na disposição de trabalhar intensamente o cafezal.[11]

Outra característica notável desse processo foi o fato de São Paulo haver recebido fluxos de italianos de procedências regionais bastante diversas.[12] A maior parte dos italianos que chegaram entre os anos de 1876 e 1920 procediam do norte da Itália, mais precisamente do Vêneto. Considerando-se destinos transoceânicos (Estados Unidos, Argentina, Austrália, Canadá etc.), o Vêneto foi a única região da Itália cuja maioria dos imigrantes veio ao Brasil, e esse fluxo foi mais consistente sobretudo até os primeiros anos do século XX.[13] Nessa região (bem como nas províncias vizinhas da Lombardia) trabalhavam originalmente ora como pequenos proprietários, arrendatários ou meeiros, ora como assalariados (*braccianti*). Entre os primeiros, o hábito de dividir as já exíguas propriedades quando os filhos se casavam impossibilitava que as famílias pudessem extrair delas seu sustento. Enfatizando as dificuldades da população do Vêneto, Alvim destaca que "na verdade, as condições de vida dos pequenos proprietários, arrendatários e meeiros em nada ou quase nada diferia das condições dos *braccianti*".[14]

Emilio Sereni, historiador que estudou o impacto da entrada do capitalismo nas zonas rurais da Itália, também se refere ao enorme ônus que representou o processo de unificação fiscal da Itália para os camponeses em particular.[15] Em sua origem, como agricultores, alguns deles já haviam passado pela experiência de migrar temporariamente para países ao norte da Itália.[16] Quando São Paulo passou a oferecer passagens subsidiadas, os imigrantes procedentes do Vêneto não titubearam em compor a massa de colonos do café espalhados por todo o oeste paulista. Reproduzir no novo país a aspiração de se tornar

---

11 Beiguelman, op. cit., p.106.
12 As procedências regionais de italianos para o Brasil, agrupadas em períodos distintos, podem ser consultadas em Alvim (op. cit., p.62) e Trento, *Do outro lado do Atlântico: um século de imigração italiana no Brasil*, p.60; 268. Para um apanhado geral dos traços distintivos de diferentes regiões italianas no momento da imigração em massa, consultar Oliveira, *Impasses no novo mundo: imigrantes italianos na conquista de um espaço social na cidade de Jaú (1970-1914)*, cap.1. Para o Vêneto, consultar Franzina, *A grande emigração: o êxodo dos italianos do Vêneto para o Brasil* e, para a Calábria, Masi, *La Calabria e l'emigrazione: um secolo di partenze (1876-1976)*.
13 Franzina, op. cit.
14 Alvim, op. cit., p.32.
15 Sereni, *Il capitalismo nelle campagne (1860-1900)*, p.80.
16 Franzina, op. cit..

proprietário, difícil de ser concretizada na terra de origem, alimentou os sonhos da maior parte das famílias do Vêneto chegadas a São Paulo.[17] Também é interessante mencionar a influência marcante do catolicismo sobre essa população, muito mais acentuada que a do republicanismo, de muito maior impacto entre os italianos que rumaram à Argentina.[18]

Não obstante, outras regiões localizadas ao sul da Itália também enviaram contingentes expressivos de italianos ao Brasil, entre as quais se destacam a Campânia e a Calábria. Nesse caso, o contingente migratório abrangeu, em maior proporção que o do Vêneto, indivíduos que vieram sem família, algumas vezes nos quadros de uma imigração temporária ou pendular (de vindas e retornos) e originária de pequenas vilas. Flávia Oliveira observou a ocorrência de muitos casamentos antes que o homem partisse para a América, de forma que "o matrimônio consubstanciava-se praticamente no último ato importante do imigrado antes de deixar sua terra, e com ele passava a ter em seu *paese* um correspondente seguro a quem podia encaminhar e confiar os pecúlios levantados com seu trabalho".[19] Além disso, por vezes, o casamento tornava-se necessário como estratégia de emigração, uma vez que o próprio dote trazido pela mulher viabilizava a saída e a subsistência nos primeiros tempos na terra de destino, esta comumente definida pela conformação de redes migratórias.

Em São Paulo, os calabreses alternaram-se entre as lides rurais mais atinentes ao trabalho de formação das fazendas (ou como diaristas) e a de mascates, pequenos negociantes ou artesãos instalados tanto na capital quanto em muitos municípios do interior.

Vêneto, Campânia, Calábria e Lombardia foram as quatro regiões que mais contribuíram para o fluxo de italianos ao Brasil (cerca de 60%, entre os anos de 1876 e 1920), mas a emigração para cá abrangeu também muitas outras regiões da Itália. É também interessante notar que no interior de cada uma destas regiões há províncias e, mais especificamente, áreas de emigração que forneceram mais contingentes a determinados municípios paulistas, graças ao fenômeno das cadeias e redes migratórias, que engrossou determinados fluxos pela aglutinação de parentes e conterrâneos. É assim, por exemplo, que Zuleika Alvim se refere à predominância de mantovanos em Ribeirãozinho (atual Ta-

---

17 Diga-se de passagem, tal anseio foi mais rapidamente concretizado para as famílias do Vêneto que rumaram para os estados do sul do Brasil.
18 Devoto, *Historia de los italianos en la Argentina*.
19 Oliveira, *Impasses no novo mundo: imigrantes italianos na conquista de um espaço social na cidade de Jaú (1970-1914)*, p.34.

quaritinga), de *oriundi* de Potenza (na Basilicata) em Mococa e de vênetos em São José do Rio Pardo, enquanto Flávia Oliveira e eu próprio mencionamos o predomínio de calabreses nos meios urbanos de Jaú e São Carlos.[20]

Porém, mesmo considerando tais concentrações, quando se investiga a fundo um determinado município verifica-se uma apreciável diversidade de origens regionais. Em São Carlos, por exemplo, tomando-se por base os registros paroquiais de casamento de italianos entre 1869 e 1940, pode-se avaliar o mosaico das diversidades regionais: foram identificados casamentos de cônjuges originários de todas as vinte regiões italianas em que o país se divide, quatorze delas apresentando no mínimo cinquenta indivíduos. Assim, casaram-se apenas em São Carlos, no período em questão, cônjuges nascidos em mais de quinhentos municípios e vilas distintas do território italiano.

Nesse ponto, em particular, é patente a maior homogeneidade dos contingentes italianos que se instalaram no meio rural dos estados sulinos, onde predominaram maciçamente a origem vêneta, o mesmo dialeto e um forte sentimento religioso. Nessa região, o catolicismo reinou absoluto como elemento de identidade e de coesão das comunidades, de conforto cotidiano dos colonos, sendo que estes mesmos construíram suas igrejas e, não raro, na ausência de párocos, chegaram a presidir eles próprios suas cerimônias religiosas.[21] Para nossos propósitos de discussão da italianidade, convém ainda notar que esta se confundia, em várias dessas regiões, com o próprio sentimento religioso, como observou o cônsul Gherardo Pio de Savoia em 1901:

> Pode-se discutir se a associação entre religião e pátria seja de fato tão estreita como se diz; mas eu posso assegurar que aqui, no estado de Santa Catarina, é na igreja principalmente que ouvi vibrar a voz da pátria [...] Em todas as aldeias que visitei foram os sinos que saudaram a chegada do cônsul; o primeiro lugar onde fui recebido foi na igreja, que no sentimento de nosso colono representa a pátria.[22]

A confluência entre pátria e religião foi ainda bastante explorada, sobretudo pelas missões escalabrinianas e salesianas em suas iniciativas, uma vez que

---

20 Alvim, op. cit., p.64-5; Oliveira, op. cit.; e Truzzi, *Café e indústria. São Carlos, 1850-1950*.
21 Zanini, Pertencimento étnico e territorialidade: italianos na região central do Rio Grande do Sul, *Redes*, v.13, n.6, p.155. Apenas na zona de Bento Gonçalves, por exemplo, Luís Alberto De Boni (*Le colonie del Brasile meridionale nei documenti delle autorità italiane*, p.193) relata a existência de mais de uma centena de capelas no início do século XX.
22 Apud De Boni, op. cit., p.194.

estas compreendiam "a defesa da cultura italiana como o instrumento mais adequado para a manutenção da fé", como observou o historiador e filósofo de formação salesiana Riolando Azzi.[23]

Tal centralidade do elemento religioso como estruturante do cotidiano das comunidades já não se apresentava da mesma forma no interior paulista, muito embora obviamente nenhuma outra religião ameaçasse a hegemonia católica. No entanto, tratava-se de uma presença mais difusa, abafada inclusive pelo regime imposto pelas fazendas, pela atuação mais discreta de padres missionários e também, no meio urbano, por ideologias concorrentes de esquerda e a própria maçonaria.[24]

Nos municípios do interior paulista, a maior heterogeneidade dos contingentes italianos torna-se muito significativa quando se tem em conta que a emigração ocorreu menos de duas décadas após ter se completado o processo de unificação do estado e a constituição da Itália como nação. Tal circunstância trouxe consequências decisivas para a discussão de uma suposta identidade italiana entre os aqui chegados. "Suposta" porque, a rigor, pelo menos até os primeiros anos do século XX (período no qual o fluxo foi mais volumoso), dificilmente se pode falar em identidade italiana para os emigrantes em seu momento de chegada ao Brasil. De fato, nos quadros de uma Itália recém-unificada, com influências e processos de desenvolvimento regionais historicamente muito distintos, dialetos próprios[25] e diferenças culturais muito acentuadas, sobretudo entre o Norte e o Sul da península,[26] torna-se temerário falar em uma italianidade trazida a São Paulo pelos imigrantes.[27]

Uma perspectiva mais correta seria investigar os processos que presidiram a construção de uma *italianitá all'estero*, isto é, aqui construída – processos que

---

23 Azzi, *Religione e pátria: l'opera svolta dagli scalabriniani e dai salesiani fra gli immigrati*, p.216.
24 Riolando Azzi menciona a criação em São Paulo de uma paróquia salesiana no Bom Retiro, graças justamente à forte presença dos italianos no bairro, ao passo que os escalabrinianos disputavam com os anarquistas a adesão dos operários na região do ABC paulista (Azzi, op. cit., p.210, 214).
25 Eric Hobsbawm (*Nações e nacionalismo desde 1780*, p.77) estimou que em 1860, na época da unificação do Estado italiano, apenas 2,5% da população (sobretudo estratos de elite) praticavam o italiano como língua cotidiana.
26 Tais diferenças geravam uma série de preconceitos no interior do próprio grupo de italianos. O relato do viajante vêneto Ferrucio Macola, publicado em 1894, exemplifica uma série de apreciações negativas a respeito de seus compatriotas do sul da Itália, empregadas com o sentido de desclassificá-los socialmente (apud Oliveira, op. cit., p.46-9).
27 Cenni, op. cit., p.216; Trento, *Italianità in Brazil: a disputed object of desire*, p.263.

se apresentaram àqueles que imigraram, em nosso caso específico, ao interior paulista. Nesse sentido, em primeiro lugar importa destacar as mudanças na identidade impostas pelo próprio fenômeno migratório. Se na terra de origem havia pouca consciência de pertencimento à nação recém-unificada, a condição comum de imigrante, em contato diário com a população nativa e com outros grupos de imigrantes de outras procedências nacionais, conduz, aos poucos, ao reconhecimento como italianos. Tal processo, em que os outros designam o grupo como "italianos", trouxe consequências sobre a formação de uma identidade comum, na medida em que falar e designar significa classificar, qualificar e, portanto, instaurar uma identidade, como insistiu Pierre Bourdieu.[28]

Some-se a tal circunstância a própria inserção ocupacional da maioria dos italianos como colonos trazidos para substituir os negros escravos nas plantações de café. Diante da prepotência dos fazendeiros no trato com a mão de obra, e na condição de substitutos efetivos do trabalho escravo nas lavouras, muitos italianos temeram ser tratados como tais. Havia razões concretas para tal. Adolfo Rossi, que em 1902, a serviço do governo italiano, inspecionou as condições de trabalho nas fazendas paulistas, relatou o modo como a queixa de um colono foi recebida: "Cale a boca. Vocês, italianos, são escravos, e nós, nativos, somos os senhores".[29] Além disso, o despotismo patronal extravasava os limites da relação de trabalho para se insinuar em outros domínios da vida privada dos colonos, concretizando-se, por exemplo, como na época da escravidão, no assédio às mulheres. Em um dos episódios mais sérios e de ampla repercussão na colônia italiana, em uma fazenda em Analândia, em 1900, o próprio irmão do presidente Campos Salles tombou sem vida em um desses incidentes, que envolvia seu filho: o rapaz provocou o revide violento do colono Angelo Longaretti, que reagiu em defesa de sua família (o sobrinho do presidente molestara sua irmã).[30]

---

28 Bourdieu, *A economia das trocas linguísticas: o que falar quer dizer*. Catarina Zanini (op. cit., p.146-7), investigando os italianos na área central do território gaúcho próxima à Santa Maria, também observou que "ser italiano, enquanto identificação nacional, foi algo que passou a fazer sentido no quadro do processo migratório no qual se inseriam, em que eram estrangeiros genéricos numa terra nova. Dessa forma, a identificação de italianos, que possuía um significado compreensível no jogo das alteridades dos finais do século XIX, passou a fazer sentido e ser acionada".
29 Rossi, *Condizioni dei coloni italiani nello Stato di S. Paolo del Brasile*, p.41.
30 Dean, *Rio Claro: um sistema brasileiro de grande lavoura, 1820-1920*; *La Sentinella Italiana*, Campinas, 15 jun. 1902, p.2; *La Vedetta*, São Carlos do Pinhal, 7 jun. 1908, p.1-2.

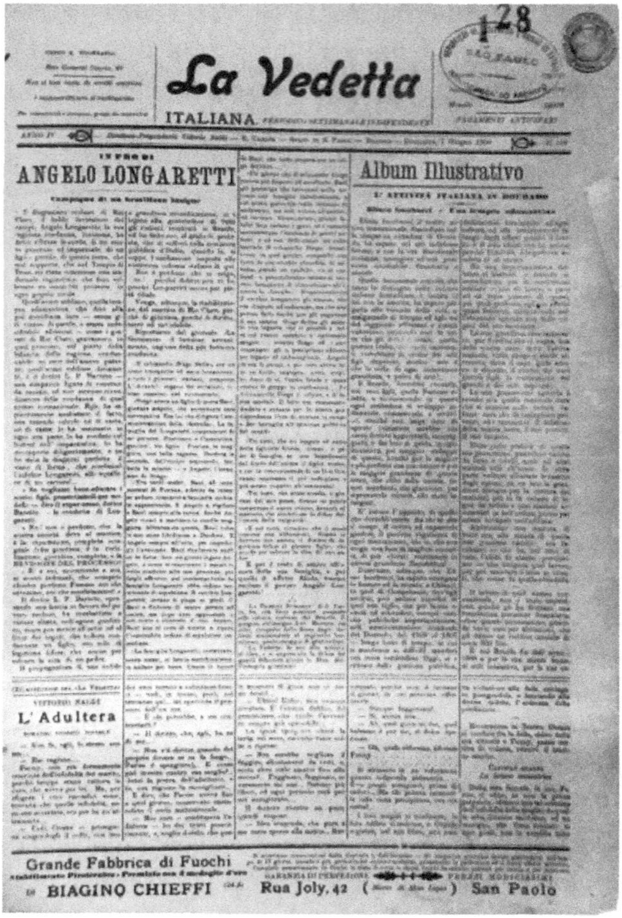

Figura 10. *La Vedetta*, periódico semanal publicado em São Carlos sob a direção de Vittorio Naldi, propaga a campanha em prol da absolvição de Angelo Longaretti em 1908.
Fonte: FPM.

Assim, apesar de conviverem durante muitos anos com escravos ou, de modo geral, com mão de obra nacional alocada em tarefas que precediam ou complementavam os cuidados e a colheita nos cafezais, os italianos trataram de enfatizar, a todo momento, suas distâncias em relação a negros e mulatos. Era um meio de marcar uma posição relativa superior na hierarquia social vigente nas fazendas, buscando, sobretudo para os fazendeiros, sinalizar seu *status* diferenciado em relação aos negros. Acopla-se aí outro elemento da identidade em formação: a necessidade de afirmação racial como brancos, contrastiva em relação aos negros.[31] Comprova este fenômeno o alto grau de conflitos entre italianos e negros observados em processos criminais no interior paulista, usualmente motivados pela insistência dos primeiros em se diferenciar dos últimos, conforme observou Karl Monsma.[32] Ante tais evidências, não seria demais afirmar que muitos italianos descobriram-se *brancos* no Brasil, já que na própria terra de origem pouco sentido havia em construir uma identidade racializada.[33]

Esta primeira demarcação – racial – de fronteiras entre italianos e negros contou com o apoio, pelo menos tácito, das elites rurais. Isso se deu por vários motivos. Em primeiro lugar, no plano ideológico, o final do século XIX e início do século XX comungaram a noção de que boa parte dos males da nação advinha da (de)formação de seu povo, e o embranquecimento trazido pelos imigrantes era apontado como uma fórmula redentora.[34] Em certa medida, portanto, os italianos obtiveram o endosso, por parte das elites empenhadas em embranquecer o país, da suposição de que eram melhores que os negros. O imigrante italiano prontamente assimilou esse preconceito racial, herança do escravismo e próprio das elites brancas nacionais.

---

31 É significativo, por exemplo, que cronistas, tanto no Brasil quanto na Itália, apontem espantados as raras situações nas quais italianas preferissem negros para se casar: "foi presa na estação de Casa Branca, por pedido da polícia de Mococa, uma italiana que raptou um negro e fugiu para aquela região" (*Correio de São Carlos*, 19 abr. 1901); "Os noivinhos de cor não desagradam a muitas das nossas Desdêmonas da gleba, e aliás são preferidos até a italianos de outros compartimentos (numa) singular perversão do gosto" (De Zettiry, *I coloni italiani nello stato di S. Paolo*).

32 Monsma, Symbolic conflicts, deadly consequences: fights between Italians and blacks in western São Paulo, 1888-1914, *Journal of Social History*, v.40, n.4; Vantagens de imigrantes e desvantagens de negros: emprego, propriedade, estrutura familiar e alfabetização depois da abolição no Oeste Paulista, *Dados*, v.53.

33 Entre outros exemplos semelhantes, consultar o livro de Stefano Luconi, *From Paesani to White Ethnics: The Italian Experience in Philadelphia*, que relata fenômeno similar ocorrido com italianos em Filadélfia (Pensilvânia), nos Estados Unidos.

34 Schwarcz e Queiroz, *Raça e diversidade*; Maio e Santos, *Raça, ciência e sociedade*, e eu próprio (Truzzi, Assimilação re-significada: novas interpretações de um velho conceito, *Dados*, Rio de Janeiro, v.55) ilustramos como o conceito de assimilação foi empregado visando tal fim. Sobre como as teorias raciais da segunda metade do século XIX, que pressupunham uma explicação biológica para a suposta hierarquia existente entre diferentes povos, orientaram a política imigratória formulada pelo governo de São Paulo, consultar Schwarcz, *O espetáculo das raças: cientistas, instituições e questão racial no Brasil, 1870-1930*; Ortiz, Memória coletiva e sincretismo científico: as teorias raciais do século XIX, *Cadernos CERU*, n.17, 1982; e Hofbauer, O conceito de "raça" e o ideário do "branqueamento" no século XIX: bases ideológicas do racismo brasileiro. *Teoria & Pesquisa*, 42-43, jan.-jul. 2003.

Além disso, foram vistos como fator de modernização, dada sua contribuição relevante à formação de um mercado interno, antes inexistente.[35] No plano econômico, mais fundamental para a manutenção dos interesses dessa elite, respirava-se aliviado com a descoberta de que os italianos propiciavam perfeitamente a manutenção do regime latifundiário e a possibilidade de expansão do plantio de café nas novas terras férteis do oeste paulista. Por causa disso, conforme observou Paula Beiguelman, citando mais uma vez Martinho Prado Junior,

> [...] desenvolvia-se, com respeito ao trabalhador italiano, um estereótipo altamente positivo: "se a Sociedade Promotora tem introduzido até hoje somente italianos, e do Norte, não o fez por sistema, procurando afastar o de outras procedências. O motivo principal foi o já apontado, da preferência para os que são chamados, além da grande procura e predileção pelos trabalhadores desta nacionalidade, perfeitamente adaptados, pela moralidade e inexcedível amor ao trabalho, aos nossos desejos, se nos quisermos pronunciar com imparcialidade e justiça".[36]

Situa-se aí outro elemento de uma identidade em formação: o início da construção de uma ética do trabalho, de uma visão – diga-se de passagem, até então inédita em nossas plagas – do trabalho como algo a ser valorizado.[37] Não se trata exclusivamente do trabalho dos italianos, mas tampouco se trata de qualquer trabalho: trata-se do trabalho do imigrante (no qual o elemento italiano teve papel fundamental) e do início da construção de uma ideologia de

---

[35] Trento, Italianità in Brazil: a disputed object of desire. In: Tomasi, L. et al. *The Columbus people: perspectives in Italian immigration to the Americas and Australia*, p.255.
[36] Beiguelman, *A formação do povo no complexo cafeeiro: aspectos políticos*, p.116.
[37] Catarina Zanini aponta fenômeno semelhante ao observar o apego e a capacidade de trabalho e atitude empreendedora como elementos de formação da identidade italiana em Santa Maria. Assim, continua, nota-se "a dinâmica sofrida pelo termo colono que, designativo de rudeza, ignorância e falta de trato, tem sido ressemantizado, vindo a representar o pioneiro, trabalhador incansável da terra e portador de virtudes específicas" (Zanini, op. cit., p.144). Daí vem, conclui a autora, a apreensão relativamente comum, por parte de descendentes de italianos atuais, de seus ancestrais como heróis civilizadores. Ressalte-se, entretanto, a sutil diferença identitária com o italiano colono implantado nas fazendas paulistas, onde o termo "empreendedor" só se aplica aos que lograram efetivamente se estabelecer como proprietários bem-sucedidos. Como nos estados do sul o sistema de colonização foi distinto, ao efetivamente distribuir terras virgens aos colonos, os termos "empreendedor" e "herói civilizador" aderem mais à realidade que no caso paulista, no qual o protagonismo dos fazendeiros de café na expansão da fronteira agrícola disputa o mesmo qualificativo.

sucessos individuais, que irá se desenvolver pautada pelo modelo *self-made-man*, conquistada às custas de um trabalho árduo e continuamente alimentada por alguns exemplos de trajetórias percebidas como bem-sucedidas. Nesse sentido, pode-se afirmar que os italianos no interior paulista ajudaram a fundar uma ética do trabalho, mesmo que pouco coletivista e essencialmente individualista. Em contraposição aos negros que, desde o período colonial, eram desvalorizados justamente porque eram obrigados a trabalhar, os italianos encarnaram pela primeira vez a noção de que o trabalho poderia assumir um valor positivo na sociedade paulista.

Figuras 11 e 12. Os italianos contribuíram para uma valorização positiva do trabalho, antes inexistente em nossa sociedade. Na primeira imagem, cabeçalho de *L'Operaio Italiano*, periódico semanal publicado em 1899 em São Carlos, dirigido pelo italiano Giovanni de Simone Ferracciù. Acima, o lema *Labor Omnia Vincit* [O trabalho vence tudo] inscrito no balcão frontal da sede da associação dos italianos de Araraquara, inaugurada em 1926.
Fontes: FPM e MIS-Ar.

Foram esses os primeiros tons de uma identidade italiana ainda em formação, impactada inicialmente pelas próprias consequências do fenômeno migratório, e cujo desafio maior era superar identidades locais ou regionais em favor de uma identidade nacional. Tratou-se de um longo e difícil processo, para o qual também contribuíram parcialmente, de um lado, a imprensa e as escolas étnicas – pela divulgação de um idioma dominante por cima dos dialetos regionais – e, de outro, o movimento étnico associativo e a constituição de elites italianas interessadas em se consolidar localmente. São temas que merecem ser tratados em seguida, ao se especificar os desdobramentos para a italianidade nos meios urbano e rural. Por ora, porém, importa reter que a italianidade a que se faz referência é um sentimento de pertencimento desencadeado pelo próprio fenômeno migratório a um determinado destino, e que em boa parte se forma no Brasil[38] antes mesmo de ser experimentado por italianos, compatriotas dos imigrantes, que permaneceram na terra de origem.

Figuras 13 e 14. Exemplar de *La Sentinella Italiana*, publicado aos domingos, sob a direção de Natale Belli, e sede do mesmo jornal em Campinas, em 1918.
Fontes: APESP e CMU.

---

38 E, diga-se de passagem, na maior parte dos destinos da diáspora italiana. Para sublinhar tal fenômeno, a historiadora americana, filha de italiano, Donna Gabaccia (*Italy's Many Diasporas*) se utilizará da expressão *italianos feitos no exterior (Italians made abroad)*. No Brasil, Núncia Santoro Constantino (Gli emigrante dall'Italia del sud a Porto Alegre. In: Trento; Costa, e De Boni (Eds.), *La presenza italiana nella storia e nella cultura del Brasile*, p.276), analisando o caso de Porto Alegre, onde a maior parte dos imigrantes italianos era de origem meridional e, sobretudo, calabresa, também adverte que estes "se descobriram italianos na cidade de adoção".

No meio rural

A imensa maioria dos italianos chegados ao estado de São Paulo iniciou o trabalho em fazendas de café. Foi um começo difícil. Inicialmente, antes da abolição, muitos italianos trabalharam lado a lado com escravos, submetidos à prepotência generalizada dos fazendeiros. Séculos de escravidão não poderiam deixar de contaminar as relações de trabalho, mesmo terminado o regime cativo. É certo que as condições de trabalho podiam variar muito de fazenda para fazenda, dependendo da postura de seus proprietários e dos administradores no trato com os colonos. Porém, de modo geral, a rígida disciplina vigente nas fazendas durante o tempo das senzalas permeou também o regime do colonato, no qual uma labuta diária intensiva no cafezal contracenava com um controle rígido das sociabilidades das famílias, manifesto pelos horários de se trabalhar, de se recolher e nas interdições para a saída das fazendas.

De um posto de vista econômico, os colonos em melhor posição eram aqueles que contavam com uma família extensa, cujos membros pudessem se engajar no trabalho e que, ademais, trabalhassem em propriedades com cafezais em formação, onde normalmente se permitia o chamado cultivo intercalar entre as ruas dos cafezais. Uma família com muitos membros aptos ao trabalho, empregada em uma propriedade na qual houvesse a possibilidade de se produzir rendimentos não monetários, por meio do cultivo de hortaliças ou de criação de animais, e que ainda fosse próxima de algum núcleo urbano, era o ideal a ser perseguido.

Contudo, a realidade vivenciada pela maior parte dos colonos era quase o oposto: dependência econômica do armazém da fazenda e consequente endividamento progressivo, falta de assistência médica ou religiosa, proprietários e administradores despóticos e isolamento imposto pelo regime de trabalho, compondo um conjunto de condições totalmente desalinhadas com as promessas dos agentes recrutadores nas aldeias da Itália.

Figura 15. Colonas empregadas na cultura do algodão na fazenda Salto Grande, em Villa Americana, c.1907-1910.
Fonte: CMU.

Não foi à toa que parte da imprensa italiana mais combativa chegou a desaconselhar abertamente a emigração para o Brasil, como se verifica no periódico *La Battaglia*, dirigido em São Paulo por Oreste Ristori, que, em editorial intitulado "Lavoratori d'Europa – non venite al Brasile", alertava contra a ação de propagandistas falaciosos, "seres infames que arruínam, por um vil trocado, milhares de famílias, orientando-as para países economicamente desgraçados e politicamente torpes". Mais adiante, concluía: "Ponham-se em guarda desta gente, e não se esqueçam um só instante que partir do próprio país para vir ao Brasil é como sair da panela para cair no fogo".[1]

Diante de tais condições, aliadas à diversidade (de origens e racial) dos trabalhadores, as mobilizações coletivas de colonos, abrangendo mais de uma fazenda, foram muito pouco frequentes.[2] Ao que parece, as maiores delas ocorreram na região de Ribeirão Preto em 1912 e 1913.[3] Nesta última, os fazendeiros da região se uniram e derrotaram os colonos.[4] De modo significativo, o historiador norte-americano Clifford Welch concluiu que "as greves de colonos de café de 1912 e 1913 provaram ser eventos excepcionais, sem precedentes e com poucos sucedâneos até os anos de 1950".[5] Como observou seu conterrâneo Thomas Holloway,

> [...] a despeito da presença de centenas de trabalhadores, em muitas fazendas individuais, vários fatores inibiram o desenvolvimento do ativismo ideológico ou político entre os colonos do café. O mais importante era o paternalismo, sempre um instrumento potencial, e amiúde real, de controle e cooptação.[6]

Em outras ocasiões, os próprios agentes consulares italianos tratavam de intermediar e amornar o ímpeto reivindicativo dos colonos:

> Os colonos que se tinham declarado em greve na fazenda Quebra Canella de Paulino Carlos de Arruda Botelho e que aqui tinham chegado ante-hontem, aconselhados pelo sr. Vicente Sabino, digno vice-consul italiano, já seguiram para aquella fazenda onde vão continuar a trabalhar.[7]

---

1 *La Battaglia*, São Paulo, 11 set. 1904, p.1.
2 Várias greves isoladas foram noticiadas por periódicos da época, como *O Alpha* (31 jan. 1902, 5 maio 1902, 11 mar. 1905 e 3 dez. 1908), publicado em Rio Claro, o *Comércio de Jahu* (21 maio 1910 e 21 jun. 1911), o *Correio de Campinas* (11 ago. 1911), o *La Battaglia* (23 jun. 1911 e 23 jul. 1911), *A Plateia* (9 ago. 1911) e *A Terra Livre* (13 jan. 1906, 28 jun. 1906, 13 jul. 1906 e 9 out. 1906), estes últimos três publicados na capital.
3 *La Battaglia* (18 maio 1912), *Comércio do Jahu* (10 jul. 1912 e 29 abr. 1913) e *La Barricata* (10 maio 1913, 31 maio 1913, 8 jun. 1913 e 15 jun. 1913).
4 Garcia, *Trabalhadores rurais em Ribeirão Preto: trabalho e resistência nas fazendas de café (1890-1920)*.
5 Welch, *The Seed Was Planted*, p.36.
6 Holloway, op. cit., p.160.
7 Greve de colonos, *Correio de São Carlos*, 16 jul. 1902, p.1.

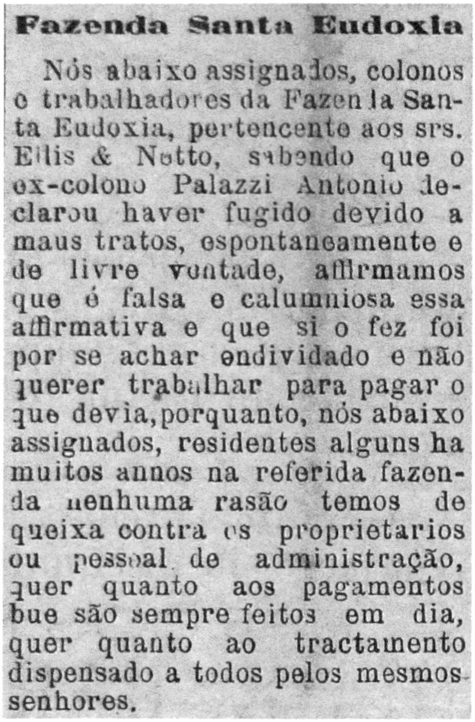

> **Fazenda Santa Eudoxia**
>
> Nós abaixo assignados, colonos e trabalhadores da Fazenda Santa Eudoxia, pertencente aos srs. Ellis & Netto, sabendo que o ex-colono Palazzi Antonio declarou haver fugido devido a maus tratos, espontaneamente e de livre vontade, affirmamos que é falsa e calumniosa essa affirmativa e que si o fez foi por se achar endividado e não querer trabalhar para pagar o que devia, porquanto, nós abaixo assignados, residentes alguns ha muitos annos na referida fazenda nenhuma rasão temos de queixa contra os proprietarios ou pessoal de administração, quer quanto aos pagamentos que são sempre feitos em dia, quer quanto ao tractamento dispensado a todos pelos mesmos senhores.

Figura 16. Paternalismo presente: colonos se manifestam a favor do patrão em São Carlos.
Fonte: *Correio de São Carlos*, 11 abr. 1900, p.3 (FPM).

Zuleika Alvim queixa-se de que "houve incompreensões de todo nível quanto à falta de uma participação política mais intensa ou de maior organização dos colonos italianos ante todo tipo de arbítrio a que estiveram submetidos".[8] De qualquer modo, os autores (José de Souza Martins, Michael Hall e Verena Stolcke) com quem ela discute compartilham a noção da baixa participação política dos italianos, embora apontem razões relativamente distintas. É difícil não compartilhar da visão de Alvim, já anteriormente sugerida por Hall, que caracteriza a participação política dos italianos no meio rural não como formal, mas como uma luta de resistência aos desmandos dos fazendeiros, e estruturada sobretudo em torno das unidades familiares.[9] As manifestações inequívocas dessas formas de resistência política exprimiram-se sob três

---

8 Alvim, op. cit., p.103.
9 Alvim, op. cit., p.116; Hall, *The Origins of Mass Immigration in Brazil*.

formas distintas: mobilidade frequente entre fazendas,[10] mudança para o ambiente urbano[11] e, no extremo, retorno ao país de origem (ou nova tentativa em outro país, mais comumente a Argentina).[12] E torna-se oportuno aqui observar que todas essas formas de resistência utilizadas contribuíram para desarmar a capacidade associativa dos colonos italianos no meio rural, em particular a intensa mobilidade física no mercado de trabalho.

Figura 17. Colonos em terreiro de café, ao lado da família de Durval Fortes, defronte a sede de sua propriedade, em São Manuel, s.d.
Fonte: CMU.

Ademais, não há dúvida de que o isolamento imposto aos colonos pelo sistema disciplinar das fazendas inibia formas de organização política ou ét-

---

10 Sobretudo em épocas de colheita, quando a demanda de mão de obra era maior e as condições de barganha mais favoráveis aos colonos. Conforme observou Tercio Di Gianni (*Italianos em Franca*, p.54), a mobilidade territorial também se conformou como um recurso poderoso de incremento das chances de sucesso entre italianos no meio rural.
11 Flavia Oliveira (*Impasses no novo mundo: imigrantes italianos na conquista de um espaço social na cidade de Jaú (1970-1914)*, p.72) relata que "muitos dos imigrantes italianos que fugiram do trabalho nas fazendas – em sua maioria de origem camponesa, não dispondo de recursos e desconhecendo ofícios de caráter urbano – aceitavam trabalhar em atividades pouco remuneradas, como as de jornaleiro, carroceiro, vendedor ambulante, ou fazendo pequenos serviços".
12 Sobre a imigração de retorno, consultar também Angelo Trento (*Do outro lado do Atlântico: um século de imigração italiana no Brasil*, p.252, 255).

nica. Referindo-se à abrangência desse sistema, a historiadora italiana Chiara Vangelista observou que os fazendeiros não apenas regulavam "as atividades referentes ao processo produtivo, mas também mantêm o controle sobre todas as manifestações da vida privada e pública dos seus subalternos".[13] Em pleno século XX, o geógrafo francês Pierre Denis, ao percorrer algumas fazendas do interior paulista, nota que o proprietário de fazenda "executa as funções de policial. A polícia pública, com efeito, não existe para assegurar o respeito pela lei civil, pela pessoa e pela propriedade".[14] Nesse contexto, não foram poucas as ocasiões em que os conflitos entre colonos e administradores (e fazendeiros) descambaram para a violência física, envolvendo inclusive assassinatos.[15]

Além de pouco favorecer uma potencial mobilização política, a condição de isolamento dos colonos no interior das fazendas impunha outras limitações. O economista norte-americano Robert Foerster enfatizou, a este respeito, "o isolamento no qual toda a força de trabalho das fazendas vive, e o nível cívico incrivelmente baixo. Contatos com o mundo exterior são raros. Não é uma coisa incomum filhos de imigrantes bem-sucedidos crescerem sem frequentar nenhuma escola elementar".[16] Culturalmente, companhias de teatro italianas que percorriam cidades do interior só se mostravam acessíveis às classes médias urbanas locais, às quais sempre se integravam alguns *oriundi*. Mesmo as escolas italianas das cidades apresentavam situação precária, como se nota na significativa observação de um italiano: "Eu pessoalmente visitei algumas das 120 ou 150 escolas em São Paulo. Com poucas exceções – julgadas sob critérios pedagógicos e sanitários – são um horror e uma vergonha para o nome da Itália".[17]

Mesmo em meados dos anos 1920, quando o fascismo já ganhara algum terreno entre os italianos nas cidades, um militante fascista italiano observará, com realismo,

---

13 Vangelista, *Os braços da lavoura*, p.229.
14 Denis, *Le Brésil au XXme siècle*, p.142.
15 Barriguelli, *Subsídio à história das lutas no campo em São Paulo (1870-1956)*, v.2; Medeiros, *Resistência e rebeldia nas fazendas de café de São Carlos, 1888 a 1914*.
16 Foerster, op. cit., p.298.
17 Corradini, apud Foerster, op. cit., p.317.

[...] que, apesar do fascismo e, especialmente, da figura de Mussolini, serem muito bem-vistos nas fazendas, o fascismo dos colonos era muito superficial e que o sentimento de italianidade deles tinha se tornado muito rarefeito com o passar dos anos. Não se podia esperar outra coisa, porém, de colonos extremamente pobres, em boa parte analfabetos e quase que completamente isolados dos veículos de transmissão da italianidade e da cultura fascista que eram montados nas cidades.[18]

Tais condições de vida no meio rural não poderiam deixar de impor uma sociabilidade restrita, amiúde confinada às famílias residentes nas colônias da própria fazenda, ou no máximo daquelas da vizinhança. Do ponto de vista da reprodução do grupo, tal situação, combinada com a forte influência dos regionalismos entre italianos, acarretou padrões conjugais fortemente endogâmicos, não apenas em relação à nacionalidade, mas também em relação a macrorregiões (Norte e Sul) e mesmo regiões (Vêneto, Calábria, Campania, Lombardia, Abruzzo etc.) da Itália.[19]

De fato, analisando em profundidade um universo de mais de 30 mil casamentos ocorridos no município de São Carlos entre 1860 e 1930,[20] pude apurar que entre italianos, de 1888 a 1909, o percentual de endogamia masculina nunca foi inferior a 80%. A média do período é de 91,5%, o que significa que, para cada cem italianos, 91 se casavam com italianas. Trata-se, portanto, de uma endogamia masculina[21] bastante expressiva. A partir de 1910, o percentual declina de modo consistente, chegando a apenas 20% em 1930. Contudo, tal queda não significava que os italianos estariam de fato se misturando de forma crescente, mas sim que, a partir da segunda década do século XX, eles passaram a progressivamente dispor de filhas de italianos nascidas no Brasil (portanto, brasileiras) com idade para se casar.[22]

---

18 Bertonha, *O fascismo e os imigrantes italianos no Brasil*, p.193.
19 Truzzi, Padrões matrimoniais na economia cafeeira paulista: São Carlos, 1860-1930. In: *Anais do XVII Encontro Nacional de Estudos Populacionais 2010*.
20 Trata-se de um município típico da economia cafeeira e, portanto, com uma parcela expressiva de população rural. Em 1907, por exemplo, dos 11.342 italianos que habitavam o município, mais de 84% eram domiciliados na zona rural.
21 No caso de italianas, os padrões endogâmicos são ainda maiores, graças à relativa escassez de mulheres e à consequente "reserva" destas para homens de mesma nacionalidade.
22 Truzzi, Padrões de nupcialidade na economia cafeeira de São Paulo (1880-1930). *Revista Brasileira de Estudos de População* (Impresso), v.29.

Figura 18. Família de colonos defronte sua moradia no núcleo colonial Jorge Tibiriçá, em Rio Claro, c.1904-1908.

Fonte: CMU.

Figura 19. Família do colono Aridretto Battista defronte sua moradia no núcleo colonial Campos Salles, na região de Campinas, s.d.

Fonte: CMU.

Figura 20. Colônia de trabalhadores na propriedade de Joaquim Cândido de Oliveira, em São João da Boa Vista, s.d.

Fonte: CMU.

Figura 21. Colonos trabalhando em terreiro de café, com colônia ao fundo, em propriedade agrícola de Flamingo Barboza, no município de São Manuel, s.d.

Fonte: CMU.

Figura 22. Grupo de colônias em propriedade rural para abrigar famílias de trabalhadores nas plantações de café, c.1904-1906.
Fonte: Rottelini, op. cit.

Figura 23. Meninos descalços em frente à escola masculina rural do bairro de Estiva, em Barra Bonita, c.1920.
Fonte: CMU.

Nesse caso, observa-se o que alguns autores[23] denominam de "endogamia oculta", ou seja, um padrão nupcial ainda endogâmico do ponto de vista étnico-cultural, mas não endogâmico de um ponto de vista formal, em decorrência da legislação brasileira do *jus soli*.[24] De fato, corrigindo-se os percentuais de endogamia masculina e feminina de modo a incluir a endogamia oculta, mais de 80% dos cônjuges italianos ou brasileiros com pai ou mãe italiana optaram por se casar com um parceiro na mesma condição. Assim, a aparente queda nos indicadores de endogamia a partir de 1909 reflete apenas os casamentos de italianos(as) com brasileiras(os) filhas(os) de italianos(as), o que pouco significa em termos de perda da identidade étnica orientando opções conjugais.[25]

Cabe então a questão: por que as identidades étnicas orientaram parte tão significativa das opções conjugais no período? Ora, sendo o colonato um regime de trabalho assentado sobre bases familiares, a sobrevivência ou a mobilidade socioeconômica dessas unidades repousava fundamentalmente sobre as atitudes dos indivíduos diante do trabalho. E o casamento, de forma coerente, procurava associar capacidades de trabalho percebidas como promissoras, entre cônjuges saudáveis, fisicamente aptos a estabelecer uma prole numerosa e, sobretudo, dispostos a subir na vida por meio do trabalho.[26] Para perseguir tal intuito, era mais fácil se casar com gente conhecida, de

---

23 Míguez et al., Hasta que la Argentina nos una: reconsiderando las pautas matrimoniales de los inmigrantes, el crisol de razas y el pluralismo cultural. *Hispanic American Historical Review*, v.71, n.4, p.802; Devoto, *Historia de la inmigración en la Argentina*, p.332; Borges, 2009, p. 269.

24 Princípio pelo qual se reconhece a nacionalidade do indivíduo segundo o seu local de nascimento (em contraposição ao *jus sanguinis*, que reconhece a mesma segundo sua ascendência).

25 Truzzi, Padrões de nupcialidade na economia cafeeira de São Paulo (1880-1930). *Revista Brasileira de Estudos de População* (Impresso), v.29, p.169-89. Obviamente, isto não exclui resistências individuais ao casamento intraétnico. Monsma, Truzzi e Villas Boas (Entre la pasión y la familia: casamentos interétnicos de jovenes italianos en el oeste paulista, 1889-1916. *Estudios Migratorios Latinoamericanos*, año 18, n.54, p.241-70), utilizando-se de processos criminais de defloração ou "rapto" consentido, exploram alguns casos nos quais italianos ou italianas desejaram e efetivamente se casaram com cônjuges de nacionalidade (e mais raramente também de cor) distinta, completamente ao arrepio da vontade dos pais.

26 Corroborando o exposto, Maria Silvia Bassanezi (*Family and Immigration in the Brazilian Past*, p.275), por exemplo, apurou que nas áreas de produção de café os imigrantes alteraram o padrão de casamentos vigente na terra de origem: casaram-se mais jovens e com maior frequência que na Europa.

confiança, de mesma origem e predisposições comuns. Daí as reservas, logo convertidas em estereótipos, em relação aos casamentos com brasileiros, vistos como indolentes e pouco dispostos ao trabalho. Além disso, como argumentaram Maria Stella Levy e Julita Scarano, como a imigração, até pelo menos o espocar da Primeira Guerra Mundial, por vezes foi encarada como projeto temporário, "esse propósito vai direcionar os casamentos com parceiras da mesma nacionalidade, a fim de facilitar uma possível volta, o que seria difícil se o casamento fosse com pessoa estranha à mesma origem".[27]

Gráfico 2. Percentuais de endogamia entre italianos em São Carlos, 1880-1930

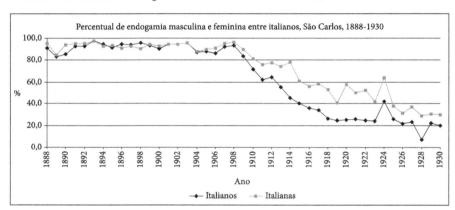

Fonte: Truzzi (Padrões de nupcialidade na economia cafeeira de São Paulo (1880-1930). *Revista Brasileira de Estudos de População* (Impresso), v.29.

De qualquer modo, pode-se então afirmar que um sustentáculo importante da italianidade resistiu no âmbito das relações privadas e familiares.[28] De fato, analisando o caso dos italianos em Franca, o historiador Tercio Di Gianni aponta com razão a motivação cultural mais abrangente, entre os colonos, de "reconstituir as condições de estruturação da família múltipla

---

[27] Levy e Scarano, O imigrante em São Paulo: casamento e nupcialidade. *Revista População e Família*, v.2, p.64.

[28] Também Catarina Zanini (Pertencimento étnico e territorialidade: italianos na região central do Rio Grande do Sul (Brasil), *Redes*, v.13, n.6, p.144), analisando a região de Santa Maria, aponta a família (a par das já citadas religiosidade e valorização do trabalho) como elemento fundamental da italianidade.

[...],[29] principal forma de organização social da península itálica, como de resto ocorreu em todo o mundo mediterrânico".[30]

Coerentemente, as estratégias de casamento obedeceram também a essa motivação mais ampla, e desenharam-se pautadas por uma forte endogamia, pelo menos para os que cruzaram o Atlântico e se inseriram no colonato paulista. Já a partir dos anos 1930 e 1940, é provável que as novas gerações nascidas no Brasil tenham reformado tais condutas,[31] seja porque o fluxo de italianos declinou, seja porque os laços de origem se tornaram mais distantes no tempo, seja ainda por fatores que teremos oportunidade de explorar mais adiante e que dizem respeito às conjunturas políticas do Brasil e da Itália nessas décadas.[32]

Ainda no meio rural, resta indicar dois outros fenômenos que debilitaram cada vez mais a afirmação de uma identidade italiana. O primeiro deles configura-se como decorrência imediata dos desacertos entre as políticas migratórias da Itália e do Brasil e diz respeito à queda significativa no fluxo de imigrantes italianos a partir do início do século XX, em boa parte substituídos por espanhóis e portugueses. Como observou Angelo Trento, "depois de ter representado 56,9%, entre 1886 e 1900, reduziu-se a 23,8%, entre 1901 e 1920, e desabou para 10,6% entre 1921 e 1940".[33] A descontinuidade na en-

---

29 O autor se apoia no conceito de família múltipla delineado por Braudel (*Os homens e a herança no Mediterrâneo*, p.56-8), no qual: 1) esta tende a assimilar um número crescente de consanguíneos vivos, segundo uma linha de descendência masculina depositária da autoridade; 2) seu patrimônio compreende idealmente a terra, a casa, os instrumentos agrícolas e o gado; 3) constitui-se como uma unidade de produção e consumo, tendendo à autossuficiência; 4) sua estrutura tende a se reproduzir a cada geração, mas o ciclo familiar pode atingir até três gerações, quando normalmente se concluem os processos de segmentação que dão origem a uma nova unidade; 5) sua perpetuação fica condicionada à possibilidade de desmembramento da unidade social de produção original, ou à aquisição de um novo território em propriedade ou usufruto.

30 Di Gianni, *Italianos em Franca*, p.125-30. Renzo Grosseli (*Vencer ou morrer. Camponeses trentinos (vênetos e lombardos) nas florestas brasileiras*), referindo-se agora a trentinos, vênetos e lombardos em Santa Catarina, também argumenta que, de certo modo, a emigração tenha favorecido a manutenção de traços culturais originais.

31 Diegues Jr., *Imigração, industrialização e urbanização*.

32 Especificamente a ocorrência de regimes fortes (consolidação do fascismo na Itália e emergência do Estado Novo no Brasil), a par dos alinhamentos de cada nação durante o conflito mundial, como se verá oportunamente.

33 Trento, *Do outro lado do Atlântico: um século de imigração italiana no Brasil*, p.268.

trada de volumes significativos de imigrantes italianos certamente contribuiu para debilitar a italianidade, à medida que recém-chegados incessantemente alimentam os vínculos com a terra de origem.

Em segundo lugar, importa apontar o próprio processo de diferenciação social progressivo entre os italianos, sobretudo a partir do século XX. Tome-se aqui mais uma vez como exemplo um município como São Carlos. Um censo municipal realizado em 1907 já apontava certa diferenciação profissional entre italianos *com domicílio rural*: no meio da massa de colonos e diaristas, já figuravam 504 lavradores independentes, 34 administradores, 43 empreiteiros e 80 negociantes.[34]

Entretanto, o maior indicador traduziu-se pelo acesso contínuo a pequenas propriedades, mesmo que a avalanche migratória produzisse o efeito de manter baixos os salários praticados. Como regra geral, à medida que o século avançava, a expansão da fronteira agrícola em direção a novas terras a oeste do estado – sobretudo no rumo da zona da ferrovia Araraquarense e, mais tarde, da Noroeste – favorecia em alguma medida o estabelecimento de pequenas propriedades conduzidas por imigrantes, especialmente italianos.[35] Cabe notar que a maior parte deles havia trabalhado por anos como colonos em zonas mais antigas, como a Paulista e a Mogiana, e às custas de muita frugalidade, sacrifício e alguma sorte, haviam logrado acumular algum pecúlio para adquirir um pequeno sítio.

Ainda convém notar que, não raramente, a aquisição da propriedade rural não foi fruto direto de uma mobilidade conquistada por meio de trabalhos exclusivamente rurais, mas teve que envolver o acúmulo inicial de capitais angariados no meio urbano, que depois foram revertidos em propriedades rurais, como indicou em 1928 um apologético cronista:

> Humildes trabalhadores de roça – na maioria econômicos e inteligentes como são, os italianos que vieram, se enraizaram nesta terra a quem amaram e amam como a própria, elevando-se esforços contínuos e pacientes, a golpes de aríete, tenazmente, passando da roça para o pequeno commercio, do pequeno ao grande commercio, da pequena à grande industria, e do commercio e da industria à roça

---

34 *Censo de 1907*. Fundação Pró-Memória, São Carlos.
35 Cenni, op. cit., p.232. Em parte porque, em sua maioria, os italianos chegaram antes de portugueses e espanhóis. Italianos também se beneficiaram de propriedades que eram fracionadas em áreas antigas e já decadentes do interior paulista.

novamente, já não mais humildes e benéficos colonos, mas proficientes sitiantes ou abastados fazendeiros.[36]

Nos anos de 1920, o próprio sucesso do "rei do café" Geremia Lunardelli, detentor de uma trajetória construída sobretudo como negociante de café, exemplifica tal possibilidade.[37]

Figura 24. Família Piccarolo defronte a seu cafezal. Originário da região piemontesa de Monferrato, Giuseppe Piccarolo foi descrito em *Gli Italiani nel Brasile*, publicado em 1924, como um "bandeirante do comércio". Antes de se tornar fazendeiro, sua trajetória envolveu uma breve passagem pela Argentina, a fundação de um empório em Boa Esperança do Sul, junto à estrada de ferro Douradense, o estabelecimento de uma filial deste na estação de Java, onde também colocou uma máquina de beneficiar café, uma sapataria, uma farmácia e uma fábrica de licores e bebidas.
Fonte: Bertarelli, *Gli Italiani nel Brasile*.

Foi Holloway quem insistiu que, na primeira década do século XX, já

[...] havia propriedades de donos estrangeiros espalhadas por todo o Oeste paulista, e seu número cresceu nos anos seguintes [...] Na medida em que a sociedade agrária cresceu em tamanho e complexidade, da Abolição da Escravatura à Grande Depressão, os fazendeiros paulistas foram suplementados, mais

---

36 De Luca, O elemento italiano no progresso de São Carlos. In: Camargo (Ed.), *Almanach Annuario de São Carlos*.
37 Giovanetti, *O rei do café – Geremia Lunardelli*.

do que substituídos, pela entrada de imigrantes nos níveis mais baixos do grupo proprietário de terras.[38]

Holloway apurou que já em 1905, por exemplo, cerca de 22% das propriedades rurais do planalto ocidental[39] pertenciam a imigrantes de modo geral – 14% a italianos –, enquanto em 1920 tais cifras se elevaram a 39% e 32%[40] respectivamente.[41] Trata-se de números não desprezíveis e que apontam para uma progressiva diferenciação social entre imigrantes italianos no meio rural, muito embora o significado de tais propriedades em termos de área ou de produção cafeeira não acompanhe sua expressão numérica. De qualquer forma, segundo Holloway, sua existência no mínimo servia como *efeito de demonstração*, uma ilusão de oportunidade e mobilidade ascendente, que de algum modo restringia as atitudes coletivas dos trabalhadores das fazendas e debilitava qualquer coesão étnica.[42]

Figura 25. Anúncio da máquina de beneficiar café de Antonio Biagio, nascido em Ferrara, que logrou se estabelecer como fazendeiro em Monte Alto, c.1924-1927.
Fonte: Capri, *São Paulo em 1927*.

---

38 Holloway, op. cit., p.246-7.
39 Vasta região do interior paulista na qual se desenvolveu progressivamente a cultura cafeeira a partir de meados do século XIX e que abrange a zona central, polarizada por Campinas, a Mogiana, a Paulista, a Araraquarense, a Noroeste e a Alta Sorocabana (Holloway, op. cit., p.34).
40 Esta última referente ao ano de 1923.
41 Holloway, op. cit., p.222, 231 e 233.
42 Ibid., p.246-7.

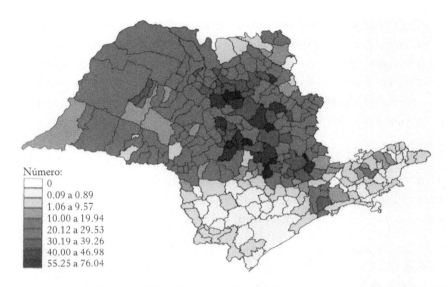

Figura 26. Percentual por município de propriedades agrícolas pertencentes a italianos no estado de São Paulo, 1934-1935.

Fonte: Bassanezi, M. S.; Scott, A. S. V.; Bacellar, C.; Truzzi, O., *Atlas da imigração internacional em São Paulo 1850-1850*, p.78.

Desse modo, e especialmente entrados os anos de 1920, para algumas famílias de imigrantes – particularmente aquelas oriundas do Vêneto – o velho sonho de se tornarem proprietárias finalmente pôde ser atingido, mesmo que às custas de uma longa e penosa trajetória, por vezes iniciada duas ou três décadas antes. A crescente ocorrência desse fenômeno deveu-se ao dinamismo da economia cafeeira e, principalmente, à existência de uma fronteira agrícola em expansão, o que significava que famílias de italianos puderam em alguma medida usufruir de uma ascensão socioeconômica sem que isso significasse ameaçar a posição das oligarquias rurais nativas, sobretudo adquirindo pequenas e médias propriedades nas regiões mais a oeste do estado.

De qualquer modo, tal circunstância pouco repercutiu sobre o reforço de uma identidade italiana, a não ser pela circunstância de reforçar a distinção estereotipada, mas bastante frequente, entre o "imigrante trabalhador" e o "brasileiro ou caboclo preguiçoso".[43] Conforme ponderou Holloway, esses pequenos proprietários imigrantes, majoritariamente italianos,

---

43 Tal distinção é comum e reflete o melhor ajustamento do imigrante (em relação ao brasileiro, seja este ex-posseiro ou ex-escravo) à nova ordem socioeconômica inaugurada com o

[...] nunca se tornaram uma força política, baseados quer em sua condição econômica, quer no apelo às origens imigrantes comuns. Nem obteve trânsito uma ideologia baseada nos valores imputados ao lavrador de fronteira. Se alguns imigrantes e seus descendentes participaram, afinal, do sistema político formal, isso foi mais através de colaboração do que pelo desenvolvimento de um grupo de interesses independente.[44]

Alguns anos depois, a grande depressão dos anos trinta iria atingir indistintamente a todos, colonos, grandes e pequenos proprietários, selando para muitos imigrantes italianos o destino de outra migração para centros urbanos do interior ou para a própria capital.

Figura 27. Família Trinca. O italiano Pietro Trinca (ao centro da foto, ao lado de sua esposa Martha Nicoletti), nascido na província de Treviso, chegou ao Brasil em 1913. Primeiro empregou-se na Usina Pimentel, no meio rural de Jaboticabal. Mais tarde, foi funcionário das Indústrias Carlos Tonanni, que se tornou uma dos maiores fabricantes de equipamentos, implementos agrícolas e tornos industriais do estado. Carlos Tonanni também era italiano, nascido em Umbertide, na província de Perúgia, e chegou a Jaboticabal em 1902.
Fonte: Capalbo, *Memória fotográfica de Jaboticabal*, 1890-1978, p.47.

---

trabalho livre: cooperação familiar sob a égide de valores patriarcais, atitudes de valorização do trabalho, possibilidade de diversificar e complementar a produção e daí formar um excedente que possibilitasse o acesso a uma pequena propriedade.
44 Holloway, op. cit., p.260.

No meio urbano

Processos de mobilidade

No meio urbano dos municípios do interior paulista, a discussão sobre italianidade se coloca sob outros moldes, porque tanto o associativismo étnico quanto as oportunidades para a mobilidade socioeconômica foram mais relevantes nesse contexto. Iniciando a discussão sobre esse último ponto, convém notar que na maior parte das cidades interioranas os italianos acabaram por praticamente dominar o comércio e os ofícios, estes amiúde germens da incipiente indústria local.

Muito precocemente, já no longínquo 1901, Antonio Francisco Bandeira Júnior escrevia:

> [...] o italiano é essencialmente artista, qualquer que seja o seu meio de vida ou luta pela existência. Nas viagens que fizemos **no interior do estado**, tivemos a prova disso. Até hábeis artilheiros, além de mecânicos, pintores e músicos, encontramos nos trabalhos do campo e em empregos comerciais. De artes liberais, não há italiano que não perceba alguma coisa [...]. É incalculável o número de sapatarias, marcenarias, fábricas de massas, de graxa, de óleos, de tintas de escrever, fundições, tinturarias, fábricas de calçados, manufaturas de roupas e

chapéus que funcionam em estalagens, em fundos de armazéns, em resumo: em lugares que o público não vê.[1]

Anos mais tarde, Robert Foerster impressionou-se com o fato de que, mesmo fora das lavouras, "acham-se italianos em todas as cidades menores de São Paulo. Aqui um italiano dirige o principal hotel da cidade, lá controla lojas de comércio, ali lidera uma banda de música e acolá é o único médico disponível".[2]

Alguns desses imigrantes, conforme apontou o historiador norte-americano Warren Dean, já haviam trazido consigo alguma experiência profissional de seu país de origem, ou no mínimo alguma vivência urbana, o que favoreceu o processo de mobilidade nos anos de pleno vigor da economia cafeeira.[3] Consumada a abolição, constituiu-se um mercado consumidor relevante, que abriu diversas oportunidades, aproveitadas por italianos, num padrão em que os mais jovens assimilavam habilidades e ofícios como aprendizes dos mais experientes. O começo pode ter sido bastante modesto, ora sendo desenvolvidas atividades simples como a do mascate, ora sendo praticados ofícios diversos em fundos de quintal. Mas o pouco interesse ou a escassa habilidade dos nacionais por atividades desse tipo fez que os imigrantes de modo geral, e os italianos em particular, prosperassem nesses setores.

A própria economia cafeeira estimulava o desenvolvimento de várias atividades comerciais, artesanais e, depois, industriais abraçadas por italianos. Em todo o interior paulista, encontraremos pelo menos quatro diferentes tipos de empresas que em boa medida floresceram à sombra dos estímulos da economia cafeeira: os engenhos e atividades de beneficiamento do café e de outros cereais; as oficinas de manutenção que as estradas de ferro requeriam (serralherias, fundições, forjarias, serrarias etc.), a indústria têxtil nascente (estimulada em boa parte pela demanda de sacaria para o café) e a indústria produtora de artigos para o consumo popular (alimentos, bebidas, vestuário, móveis etc.). Isso sem falar no comércio propriamente dito, inclusive aquele de importação de produtos italianos, cujas firmas não raro abrigaram também atividades bancárias, remessas de valores e venda de passagens à Itália. Ao longo de todo o período conhecido como Primeira República, em todas as regiões do interior paulista onde a economia cafeeira se desenvolveu encontravam-se italianos dominando tanto o comércio quanto a pequena indústria.

---

1 Bandeira Jr., *A indústria no Estado de São Paulo em 1901*.
2 Foerster, *The Italian Emigration of Our Times*, p.316.
3 Dean, *A industrialização de São Paulo (1880-1945)*.

Nos anos 1930, quando a crise cafeeira exigiu a reorientação das atividades econômicas nos municípios, a maior parte deles sofreu um processo de diversificação agrícola, associada, quando possível, ao processamento industrial. No caso de Ribeirão Preto, desenvolveram-se a indústria alimentícia, a de bebidas e a têxtil, enquanto em Araraquara prosperou a de óleos comestíveis (essas duas últimas relacionadas ao algodão).[4] Em Franca, vicejou uma especialização particular do setor de vestuário – o ramo calçadista.[5] Em Descalvado, o fato de uma família italiana haver fundado uma indústria têxtil "representou a possibilidade de absorção de uma quantidade relativamente importante de mão de obra que vinha sendo liberada pela transformação do sistema produtivo agrícola".[6] São Carlos contou com o parque industrial mais diversificado, o que garantiu ao município a continuidade de seu desenvolvimento, agora em bases urbanas e não mais rurais.[7] Em Rio Preto, Catanduva e Bauru, zonas mais novas, a indústria não pôde se desenvolver tanto, mas os três municípios acabaram angariando funções comerciais importantes, tornando-se centros que polarizaram muitos municípios do entorno regional.

Figura 28. Aprendizes de sapateiro junto a um imigrante italiano, c.1920.
Fonte: FPM.

---

4 Consultar, para cada uma dessas cidades, Bacellar e Brioschi, *Na estrada do Anhanguera: uma visão regional da história paulista*, e Corrêa, *História social de Araraquara*.
5 Barbosa, *Empresariado fabril e desenvolvimento econômico: empreendedores, ideologia e capital na indústria do calçado*; Di Gianni, *Italianos em Franca*.
6 Durham, *A dinâmica da cultura*, p.119.
7 Truzzi, *Café e indústria. São Carlos, 1850-1950*, p.160-1.

Figura 29. Barbearia Grã-Fina, em Franca, de propriedade de Nicola Maniglia, c.1929.
Fonte: AHM.

Figura 30. Anúncios de firmas de calçados e arreios instaladas em Franca por imigrantes italianos, 1912.
Fonte: AHM.

Nas cidades, a vida social de alguns italianos podia ser mais interessante, vez ou outra animada pelas bandas de música dirigidas por *oriundi*, muitas delas evocando em seu nome o compositor Giuseppe Verdi, falecido em 1901.

Figura 31. Banda de música da Società di Mutuo Soccorso de São José do Rio Pardo, posicionada em frente a bandeiras simbolizando a terra de origem e de acolhimento, c.1904-1906.
Fonte: Rottelini, op. cit.

Figura 32. Banda de música de Mococa, dirigida pelo italiano Pietro Camin, c.1904-1906.
Fonte: Rottelini, op. cit.

Figura 33. Corporação Musical Verdi – Gomez, de Matão, 1903.
Fonte: Rottelini, op. cit.

Figura 34. Banda Musicale Italiana Giuseppe Verdi, de Franca, dirigida pelo italiano Fiorentino Pelegrini, 1898.
Fonte: AHM.

Italianidade no interior paulista

Figura 35. Grupo Filodramático Eleonora Duse (italiana reconhecida em toda Europa como uma das principais atrizes na virada do século XIX ao XX), de São Carlos, c.1904-1906.
Fonte: Rottelini, op. cit.

Figuras 36, 37 e 38. Firmas comerciais de importação, bancárias e de remessa de valores foram constituídas por italianos interessados em explorar os vínculos da extensa colônia com a terra natal. À esquerda, anúncios comerciais de italianos estabelecidos em São Carlos (1907 e 1897) e, acima, Pirassununga (1927).
Fonte: UEIM-UFSCar e Capri, op. cit.

Tanto no comércio quanto na indústria, foi exatamente o imigrante o protagonista principal em qualquer dessas atividades, seja diretamente como empresário, seja como empregado. Tome-se o exemplo da indústria francana, na qual o papel do imigrante – italiano, em particular – foi notável.[8] Quando se consideram as 65 fábricas de calçados registradas entre 1900 e 1945, período que poderíamos classificar como de gênese e princípio da afirmação das bases do empresariado do calçado, constata-se que 36 delas (55%) tinham proprietários ou sócios de origem italiana. Teriam eles origem nos quadros do que chamaríamos de "burguesia imigrante"? Ao contrário, eram todos homens de origem modesta. Por outro lado, a dinâmica de ascensão social dos imigrantes é flagrante: entre as dez maiores fábricas de calçados de Franca em 1945, oito tinham à sua frente proprietários de ascendência italiana ou espanhola.[9]

Em Araraquara, a relação de pedidos de instalação de indústria entre os anos de 1910 e 1929 dá a dimensão desse processo. Segundo o jornal *Tribuna Impressa*, no período citado constam 27 pedidos de italianos (56,25%), 15 de espanhóis, árabes e poloneses (31,55%) e apenas 6 pedidos de brasileiros (12,50%).[10] Nesse período surgem os "engenheiros por ofício", que se incumbiam de fabricar novas peças, de consertar as que já haviam se quebrado e de montar novos mecanismos.

Dentre as pequenas fábricas montadas pelos italianos em Araraquara, podemos destacar alguns casos: Belarmino Grossi, engenheiro, planejou uma lavanderia totalmente automática; a família Blundi desenvolveu um descascador de café de fácil manejo, que produzia cem arrobas por hora; Baltiero Silvestro criou uma indústria de destilação de abacaxi para a fabricação de álcool, vinho e licor; Américo Danielli montou duas fábricas, uma de salame e outra de gelo; Florindo Castellan montou uma fábrica de camas de ferro; a família Mazziero montou uma fábrica de sabonetes, cujo produto mereceu elogios do jornal *O Estado de S.Paulo*; Luís Seleri fazia bolachas, Francisco Antônio Thomaz, macarrão e os Bonfiglioli, bebidas; os Gravina, fecularia de milho; Giacommo Pasetto também se dedicava a fabricar doces, bolachas

---

8 Di Gianni, op. cit.
9 Barbosa, *Empresariado fabril e desenvolvimento econômico: empreendedores, ideologia e capital na indústria do calçado.*
10 Edição de 22 ago. 1999.

Italianidade no interior paulista

e caramelos; Pedro Martini fabricava macarrão e os Donini, sorvetes; havia ainda na cidade as fábricas de ladrilhos, dos Batelli; de fundição de bronze e ferro, dos Cesarino e Righi, em sociedade; de calçados, dos Cuchadini; de ladrilho, dos Zaramella; de cerâmica, dos Peroni; de latas de folha, dos Pizelli; de óleo, dos Vicita; de calçados, dos Bonelli, em parceria com os Cortese; de aço ondulado e portas, dos Luppi; de vassouras, dos Smirne; de perfumaria, dos Picazzio, entre outras.[11] Esses exemplos são todos de Araraquara, mas, a esse respeito, a bibliografia sobre história econômica regional e local em cada município é abundante em fornecer casos significativos, cuja reprodução aqui seria pouco razoável.[12]

Figura 39. Drogaria e Pharmacia Italiana, de Felice Pelosi, em Ribeirão Preto.
Fonte: Rottelini, op. cit.

---

11 Arquivos sobre imigração da Biblioteca Municipal Mário de Andrade, em Araraquara.
12 Além das obras já referidas, consultar: para Catanduva, Leite, *Os italianos no poder: cidadãos catanduvenses de virtude e fortuna, 1918-1964*; para São José do Rio Preto, Arantes, *Dicionário rio-pretense*; para Araraquara, Lorenzo, *Origem e crescimento da indústria na região "Araraquara/São Carlos", 1900-1970*; para Ribeirão Preto, Marcondes e Garavazo, Comércio e indústria em Ribeirão Preto de 1890 a 1962. In: *Associação Comercial e Industrial de Ribeirão Preto: um espelho de 100 anos*; para Bauru, Toledo, *Industrialização de Bauru. A atividade industrial e o espaço geográfico, das origens à situação atual*; e, para Bebedouro, Izidoro Filho, *Reminiscências de Bebedouro*.

Figura 40. Anúncio da Casa Bizzacchi, estabelecida em Espírito Santo do Pinhal, 1927.
Fonte: Capri, op. cit.

Figura 41. Pátio interno do Grande Depósito de Aguardente e Álcool, fundado por Carlos Paolieri e Antonio Bergamin, em Piracicaba.
Fonte: Capri, op. cit.

Italianidade no interior paulista

Figura 42. Armazém de Secos e Molhados, de Antonio Fritegotto, em Lençóis Paulista, 1908.
Fonte: Gerodetti e Cornejo, *Lembranças de São Paulo – o interior paulista nos cartões-postais e álbuns de lembranças*, p.186.

Figura 43. Casa Musegante, estabelecimento comercial de produtos de couro, especialmente montarias e malas. Seu fundador, o italiano Antonio Musegante (de suspensórios) chegou a Jaboticabal em 1897, transferindo-se em 1921 para São José do Rio Preto.
Fonte: Capalbo, op. cit., p.24.

Figura 44. Hotel e empório de Enrico Gregori, italiano proveniente de Lucca, que se estabeleceu em São Carlos, c.1904-1906.
Fonte: Rottelini, op. cit.

Em Descalvado, a antropóloga Eunice Durham documentou fartamente a "participação crescente dos italianos na economia urbana, especialmente no pequeno comércio e artesanato".[13] Em Jaú, Flávia Oliveira menciona que já "nos primeiros anos do século XX, os imigrantes italianos tinham sob seu controle grande parte do comércio local".[14] Nessa época, ocorria o mesmo em Amparo, onde os italianos preponderavam nos ramos de secos e molhados, fazendas, roupas feitas, armarinhos etc.[15] Sobre Catanduva, relata-se que, de acordo com o Cadastro Industrial da Prefeitura, das 124 empresas cadastradas no comércio ou na indústria entre 1923 e 1945, "71 delas, ou 57,2%, pertenciam a italianos ou a seus descendentes".[16]

Vale lembrar que as habilidades artesanais dos imigrantes que se deslocaram para as cidades garantiam-lhes também emprego nas ferrovias ou nas

---

[13] Durham, op. cit., p.114.
[14] Oliveira, *Impasses no novo mundo: imigrantes italianos na conquista de um espaço social na cidade de Jaú (1970-1914)*, p.82.
[15] Oliveira e Pires, A imigração italiana para o Brasil e as cidades. *Textos Nepo*, v.21.
[16] Leite, *Os italianos no poder: cidadãos catanduvenses de virtude e fortuna, 1918-1964*, p.80.

atividades econômicas paralelas necessárias ao funcionamento das mesmas. É o caso de Bauru, sede de entroncamento ferroviário cujas oficinas demandavam mão de obra especializada, garantindo empregos para os imigrantes e seus descendentes. Do mesmo modo, em Araraquara e Rio Claro, a instalação de oficinas e escritórios das estradas de ferro deu oportunidade a que muitos imigrantes usufruíssem de um ótimo emprego. A exemplo do que ocorreu nesses municípios, poderíamos arrolar em outras cidades um conjunto expressivo de atividades urbanas no comércio, na indústria e na ferrovia capitaneadas por imigrantes, desde a Primeira República.[17]

Figura 45. Trabalhadores na construção da estrada de ferro em Monte Alto, c.1910-1915.
Fonte: CMU.

---

17 Uma ótima fonte para se apreender o vulto de tais atividades são os almanaques, comumente publicados na época em cada município.

Figura 46. Trabalhadores em armazéns de café em estações ferroviárias no interior paulista, 1909.
Fonte: Argolo, *Arquitetura do café*, p.169.

Evidentemente estava em curso, pelo menos para uma fração da colônia italiana, um processo de mobilidade social nas cidades do interior paulista, mais acentuado que no campo. Zuleika Alvim, ao comparar dados sobre propriedade urbana entre italianos em 56 municípios do interior paulista, observa que o total dessas propriedades, ainda que de valor modesto, aumentou de 6.059 em 1902 para 8.501 em 1910, o que significa um crescimento superior a 40%.[18] As vantagens mais patentes da vida nas cidades eram uma sociabilidade mais ampliada, a possibilidade de os filhos estudarem em escolas muitas vezes providas pelas próprias associações e as assistências médica e religiosa mais acessíveis.

Figura 47. Ampliação do prédio da Sociedade Dante Alighieri (Società Dante Alighieri) em 1921.
Fonte: FPM.

---

18 Alvim, *Brava gente! Os italianos em São Paulo*, p.141.

Figura 48. Alunos da escola italiana em Araraquara, fundada por Elisa Artioli Zapparoli, 1910.
Fonte: Lopes, *Memória fotográfica de Araraquara. 100 anos de fotografia.*

Figura 49. Alunos e professores da Società Beneficenza Italiana de Botucatu, 1910.
Fonte: Gerodetti e Cornejo, *Lembranças de São Paulo*, p.159.

Figura 50. Posto médico para o tratamento gratuito do tracoma em Jardinópolis, c.1904-1908.
Fonte: CMU.

Diferentemente da capital ou de Campinas (a maior cidade do interior paulista), onde a industrialização já havia avançado, não havia ainda, na maior parte dos outros municípios do interior, um processo de proletarização em massa que subordinasse a população de italianos à rígida disciplina reinante na grande indústria. Essas indústrias de grande porte eram esparsas no interior paulista, em meio a uma profusão de pequenas indústrias, oficinas de fundo de quintal e casas comerciais nas quais os italianos predominavam quase absolutos.[19]

Para nossos propósitos de discussão da italianidade, o importante a se reter é que, ao cabo de alguns anos, foi mais ou menos inevitável que alguns desses italianos tivessem prosperado e que pretendessem, agora, conquistar novas posições. Nesse sentido, a constatação mais importante a se fazer é

---

19 Este também é um dos motivos que explicam uma mobilização operária episódica na maioria das cidades do interior paulista, perceptível apenas em conjunturas de intensa politização, como por ocasião da grande greve ocorrida em 1917.

que, aos poucos, constituíram-se elites locais de origem italiana na maior parte das cidades médias do interior paulista.

Tal elite étnica local, de domicílio urbano, já se insinuava desde os albores da chegada de italianos a São Paulo. Como a imigração italiana foi bastante volumosa, ela abrigou, em meio à massa impressionante de famílias drenadas para o colonato, também alguns elementos que já contavam ora com uma extração social mais favorável[20] ora com diplomas obtidos ainda na terra de origem, ou ainda que lograram uma rápida mobilidade, seja porque foram economicamente bem-sucedidos, seja porque se casaram em famílias da oligarquia local. São os que os sociólogos norte-americanos Richard Alba e Victor Nee denominam "atravessadores de fronteiras", imigrantes que conquistaram, individualmente e de forma precoce, uma inserção privilegiada na sociedade de destino.[21]

Há vários exemplos que podem ser colhidos em cidades do interior paulista. Trajetórias como a do major Leo Lerro, nascido em Campobasso, na Itália, que veio ainda criança para o Brasil e se casou com Cândida de Oliveira, de uma tradicional família de Jaboticabal, tendo se tornado tabelião e depois prefeito em São José do Rio Preto. Entre outros, vale mencionar os casos de Américo Blois, também de origem italiana, vice-prefeito e prefeito de Bauru, casado em segundas núpcias com Henriquetta Villaça, também de família oligarca bauruense; o de Américo Danielli, casado com um membro da família Xavier de Mendonça, aliada política dos Carvalho em Araraquara; o de Julio Speranza, médico proveniente de Salerno que se instalou em Jaú já casado com a filha de um abastado proprietário de fazendas da região de Itu; o do construtor (na prática, um engenheiro) Pietro David Cassinelli, casado já em 1884 no seio da tradicional família Arruda Botelho de São Carlos. Ou ainda Aurélio Civatti, arquiteto prático e hábil entalhador italiano, contratado por Pedro Antonio de Barros para concluir as obras da Igreja Matriz de Limeira após o falecimento de seu pai Bento Manoel de Barros, Barão de Campinas, antigo proprietário rural da região e considerado um dos fundadores dessa cidade. A construção foi finalizada em 1876 e, durante as obras, Civatti se casou com

---

20 Biondi (*Classe e nação: trabalhadores e socialistas italianos em São Paulo, 1890-1920*, p.36), por exemplo, refere-se a "uma minoria consistente de artesãos e operários especializados" presente entre a massa de trabalhadores italianos.
21 Alba e Nee, *Remaking the American mainstream: assimilation and contemporary immigration*.

Figuras 51, 52 e 53: O Polytheama de Jaboticabal foi inaugurado em 1911 e funcionava em um barracão de madeira (acima, em foto de 1917). Foi reinaugurado como Cine-Theatro em 1931, após completa reforma (imagens ao lado e abaixo). Considerado um dos maiores do estado, seu proprietário, o italiano Francisco Gagliardi, trazia constantemente companhias líricas italianas. Em 1967 foi completamente destruído por um incêndio.

Fonte: Capalbo, *Memória fotográfica de Jaboticabal* e Gerodetti e Cornejo, *Lembranças de São Paulo*.

a filha de Pedro – e, portanto, neta do barão –, tendo se transferido para São Carlos, já como fazendeiro e proprietário de escravos, em um tipo de ascensão econômica totalmente atípica e precoce, alavancada pelo ofício aprendido na terra natal e, sobretudo, pelo casamento.[22]

Também em São Carlos, Giovanni Appratti era fazendeiro e proprietário de uma casa bancária que praticamente monopolizava a importação de gêneros e as remessas monetárias da numerosa colônia italiana à sua terra natal, enquanto Pietro Galeazzi era proprietário da Casa da Âncora, importadora e distribuidora de mercadorias para todos os municípios vizinhos de Araraquara. Em Rio Claro, ao final do Império, Silvério Minervino já integrava a elite dos italianos da cidade, e mais tarde fundaria, junto com os filhos, casas bancárias em vários municípios do interior.[23] Em Ribeirão Preto, a historiadora Patrícia Furlanetto arrola os casos de Valente Fantato, Giovanni Beschizza, Girolano Ippolito, Andrea Castaldelli e Giuseppe Micelli como comerciantes bem-sucedidos, além de Giovanni Prianti, farmacêutico.[24]

Figura 54. Bazar Beschizza, em Ribeirão Preto, do imigrante italiano Giovanni Beschizza, c.1904-1906.
Fonte: Rottelini, op. cit.

---

22 Busch, *História de Limeira*, p.227.
23 Dean, *Rio Claro: um sistema brasileiro de grande lavoura, 1820-1920*, p.159.
24 Furlanetto, *O associativismo como estratégia de inserção social: as práticas sócio-culturais do mutualismo imigrante italiano em Ribeirão Preto (1895-1920)*.

Figura 55. Luciano Maggiore, nascido em San Marino in Rio (província de Reggio Emilia), formado em Módena, exerceu a medicina em São Manoel, Botucatu e Avaré, c.1904-1906.
Fonte: Rottelini, op. cit.

Figura 56: Caetano Petraglia, nascido na província de Salerno, chegou ao Brasil em 1870 e fixou residência em Franca em 1879, ao comprar uma pequena farmácia. Com o tempo, expandiu seus negócios. Foi um dos fundadores da sociedade italiana local e agente consular da Itália em Franca.
Fonte: Rottelini, op. cit.

Em Araraquara, temos o caso de Danielli, que, além de ter se casado oportunamente, era engenheiro. Em São Carlos, o médico Vincenzo Pellicano, formado em Nápoles. Em Rio Preto, Ugolino Ugolini, engenheiro trazido à região para a construção da estrada que liga a cidade ao distrito de Uchoa, que era natural de Florença. Em Franca, o farmacêutico Caetano Petraglia e o médico Domenico De Lucca podem ser identificados com o que Warren Dean chamou de "burguesia imigrante", ou seja, imigrantes que vieram para o Brasil com certo capital e, assim, puderam investir em terras, negócios urbanos e comércio.

Nos exemplos acima relacionados, é patente que um bom casamento, o sucesso econômico ou o título de doutor conferia certo papel de liderança aos personagens em relação à extensa colônia italiana. Sobre Descalvado, Eunice Durham aponta que "apenas algumas famílias, em condições especiais, pelo sucesso econômico na agricultura e no comércio e por vínculos derivados do casamento ou serviços (políticos e econômicos), infiltram-se na camada dominante".[25] Nesse caso, por ser bem-sucedido, o elemento em questão provavelmente mantinha relações, ainda na Primeira República, com os coronéis oligarcas que dominavam o poder local, atuando como uma espécie de porta-voz de seus conterrâneos. Em um ambiente político totalmente controlado por coronéis proprietários de terra, a presença episódica de imigrantes ou descendentes pode também ter cumprido a função ideológica de acenar para a massa de trabalhadores dessa origem a possibilidade de ascensão econômica e social. Se um deles, originário da mesma terra, era aceito nos círculos da elite que controlavam o município, isso deveria significar que o valor da origem, da "raça", era em alguma medida reconhecido, e que as vias da ascensão econômica e social estavam abertas.

A conformação de elites locais imigrantes – e italianas em particular – em vários municípios de porte médio do interior paulista denota um processo de mobilidade significativo no meio urbano. Como sugeriu Holloway[26] para a capital, tais expoentes individuais bem-sucedidos, entretanto, apenas encimaram a formação de uma camada social média até então inédita, que a partir de então remodelou definitivamente toda a sociedade paulista.

---

25 Durham, op. cit., p.117.
26 Holloway, Italians in São Paulo. In: Tropea et al. (Ed.). *Support and Struggle: Italians and Italian Americans in a Comparative Perspective*.

Figura 57. Diploma de Doutor em Medicina e Cirurgia obtido na Università di Napoli em 1882 por Vincenzo Pellicano, natural de Civita (hoje província de Cosenza, na Calábria), que chegou ao Brasil em dezembro de 1887.

Fonte: Acervo Antonio Pellicano Junior.

O movimento associativo, divisões regionais e de classe

A maior parte dessa elite étnica já havia se envolvido com a fundação e o desenvolvimento de associações italianas: Appratti e Pellicano, em São Carlos, foram diretores da *Societá Dante Alighieri*, fundada em 1902; Delboni, um bem-sucedido farmacêutico de origem italiana, fez o mesmo com a *Societá Italiana Cesari Battisti*, de São José do Rio Preto, além de ter se casado com a filha do cônsul italiano de Itu. Em Franca, o calabrês Pedro Pucci angariou rápida mobilidade ao passar de proprietário de uma oficina de sapataria a dono de um grande curtume. Seu filho passou a integrar o Conselho da Sociedade Italiana local. Em Jaú, o médico Julio Speranza foi um dos fundadores da Sociedade Beneficente Italiana Stella d'Italia, enquanto em Araraquara o relojoeiro Enrico Lupo presidiu a Sociedade Italiana de Beneficência. Em Ribeirão Preto, Patrícia Furlanetto apurou que os membros das duas primeiras sociedades locais "representavam uma certa 'elite' em relação ao restante do grupo étnico": Fantato, Bescchizza, Ippolito, Castaldelli, Micelli e Prianti – todos eles ocuparam cargos relevantes nas associações locais de italianos, vários deles em mais de uma.[27] Portanto, tais indivíduos integravam, em suas respectivas cidades, as elites das colônias italianas e não raro mantinham relações estreitas com as oligarquias locais.

As associações italianas representaram, pois, uma instância de articulação significativa da italianidade. Elas surgiram em profusão, sobretudo a partir da última década do século XIX, e, além da capital, se espalharam por muitos municípios do interior paulista: em 1905, o jornalista italiano Vitaliano Rotellini, fundador do lendário *Fanfulla*, já se deparara com 135 sociedades italianas ativas em todo o estado de São Paulo.[28] João Fabio Bertonha observou como "nas primeiras décadas do século, as comemorações e festas nacionais italianas começaram a atrair cada vez mais público, enquanto as elites italianas locais [...] se lançavam ao trabalho para construir uma unidade cultural e linguística entre os italianos da colônia".[29] Sobre Descalvado, Durham se refere a uma *"consciência de italianidade* que se manifesta na promoção da solidariedade da colônia pela comemoração de datas patrióticas italianas e pela organização de atividades assistenciais e recreativas".[30]

Figura 58. Associados em frente à sede da Società Operaia di Mutuo Soccorso Unione Italiana, de Ribeirão Preto, 1895.
Fonte: APHRP.

---

27 Furlanetto, *O associativismo como estratégia de inserção social: as práticas sócio-culturais do mutualismo imigrante italiano em Ribeirão Preto (1895-1920)*, p.70.
28 Rotellini, op. cit.
29 Bertonha, *Os italianos*, p.60-1.
30 Durham, op. cit., p.117.

Figura 59. Diploma de sócio fundador expedido em 1904 pela *Società Italiana di Beneficenza di Mogy Mirim*, no qual constam os retratos de Umberto I, rei da Itália, e de Giuseppe Garibaldi.
Fonte: Rottelini, op. cit.

Figura 60. Associados e banda de música da *Società di Mutuo Soccorso Stella d'Italia*, de Lençóis, c.1904-1906.
Fonte: Rottelini, op. cit.

Italianidade no interior paulista

Figura 61. Associados em frente à sede da Società Italiana di Muto Soccorso Cristoforo Colombo, de Itatiba, c.1904-1906.
Fonte: Rottelini, op. cit.

Figura 62. Em primeiro plano, o edifício da Società di Mutua Assistenza Fra Italiani, margeando o Jardim Público de Amparo.
Fonte: Gerodetti e Cornejo, *Lembranças de São Paulo*, p.112.

Figura 63. Associados em frente à sede da Società Italiana di Mutuo Soccorso de Pirassununga, fundada em 1905, c.1904-1906.

Fonte: Rottelini, op. cit.

Figura 64. Associados defronte à sede do Centro Italiano, de Descalvado, portando as bandeiras do reino italiano e brasileira, c.1904-1906.

Fonte: Rottelini, op. cit.

Desse modo, as associações apresentaram uma evolução interessante. Luigi Biondi argumenta que a *Società Italiana di Beneficenza di São Paulo Vittorio Emanuele II*, fundada na capital paulista em 1879, "constituiu o modelo de sociedade para todas as outras que surgiram no estado".[31] A princípio, os maiores incentivos à prática associativa provinham da absoluta carência de instituições e ausência de políticas sociais que pudessem amparar minimamente os imigrantes em termos econômicos, de saúde e educação para os filhos – de onde advém o caráter inicialmente mutualista da maioria das associações –, a par do desejo de reconhecimento do grupo na nova sociedade.

Vittorio Canesi, que em Ribeirão Preto aventurou-se a editar um periódico (do qual se tem notícia de apenas um exemplar) e a fundar uma escola italiana para adultos e crianças, expunha em 1890 alguns dos motivos que deveriam sustentar o funcionamento de uma associação:

> Se algum de nós tem um direito contestado, acha-se moralmente ultrajado, pode deste modo encontrar sem dúvida quem lhe faça justiça, pois a justiça entre indivíduos civilizados não se obtém com o porrete ou com mãos armadas, mas com a palavra, com a imposição numérica que obriga o magistrado a conceder aquilo que lhe foi requerido de forma justa. Nesta ilustre cidade vive um número infinito de italianos, constituindo uma força, maior que qualquer outra nação. No caso de uma epidemia que se desenvolva e se dissemine letalmente sobre todos estes voluntários pioneiros do trabalho, quem é que pode oferecer uma ajuda potente? Quem é que pode impedir em parte a ruína de uma família quando o chefe desta, vítima de cruel doença, tombe ao leito? A Sociedade de Mútuo Socorro.[32]

Apesar disso, houve obviamente muitas dificuldades iniciais de arregimentação e entendimento entre estratos de uma colônia cujas diferenças regionais de origem eram muito acentuadas, conforme já se observou.

---

[31] Biondi, *Classe e nação: trabalhadores e socialistas italianos em São Paulo, 1890-1920*, p.67.
[32] Canesi, *Società di Mutuo Soccorso. Il 20 Settembre*, p.2-3 (tradução do autor).

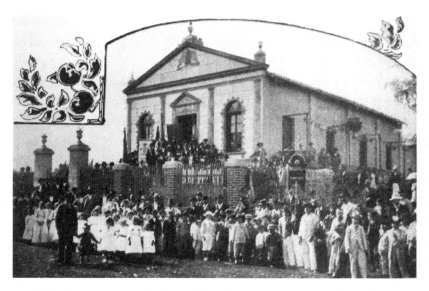

Figura 65. Dia de festa na Società Italiana di Muto Soccorso Lavoro e Fratellanza, de Cravinhos, c.1904-1906.

Fonte: Rottelini, op. cit.

Figura 66. Dia de festa na Società Italiana di Mutuo Soccorso Nuova Italia, de Mococa, fundada em 23 de agosto de 1896, c.1904-1906.

Fonte: Rottelini, op. cit.

Figura 67. Dia festivo na Società Italiana di Mutuo Soccorso Patria Italiana, de São Simão, c.1904-1906.
Fonte: Rottelini, op. cit.

Analisando o caso de Jaú, Flávia Oliveira observou com argúcia que, pelo fato de os vênetos considerarem os italianos do sul como mais rudes, vagabundos, atrasados, improdutivos e incultos na terra de origem, muitos daqueles, ao chegarem a São Paulo, estranharam a integração social e econômica mais precoce destes à nova sociedade, dando margem a ressentimentos e desuniões no seio da colônia. Como os vênetos eram majoritariamente rurais e, quando na cidade, ocupavam posições humildes como as de jornaleiros, carroceiros e vendedores ambulantes, acabaram experimentando uma mobilidade socioeconômica mais modesta que muitos de seus patrícios sulistas, chegados há mais tempo e já integrados como comerciantes no meio urbano ou mesmo por meio de casamentos com famílias da aristocracia local. Além disso, os sulistas controlavam a única sociedade italiana do município, o que forçou outros italianos bem-sucedidos de outras origens a fundar uma seção jauense da Sociedade Dante Alighieri, que, desde 1889, na Itália, se propunha a difundir a língua e cultura italiana fora do reino. Porém, ao contrário do que ocorreu em São Carlos, não foram bem-sucedidos. Desse modo, "a convivência entre vênetos e sulistas não foi tranquila [...] As diferenças inerentes ao regionalismo peninsular foram levadas para o interior daquela comunidade, desestabilizando ainda mais a precária unidade da 'colônia'".[33]

A respeito de Franca, Tercio Di Gianni observou que as principais lideranças que controlavam a associação local eram também originárias do sul da Itália.[34] Na Ribeirão Preto de 1890, o próprio Canesi relata que, ao chegar à cidade, encontrou desafortunadamente certo mau humor existente entre os componentes da colônia italiana. Em seguida, passa a interpelar seus conterrâneos:

> Deveis, pois, alimentar o contraste, a antipatia existente entre conacionais pelo único motivo de pertencerem mais a uma parte que a outra da península itálica? Ora, dizei: Por acaso não somos todos italianos? Não travamos todos os combates pela salvação de nossa pátria? Não somos por acaso todos protegidos pela mesma bandeira tricolor? Não somos todos tutelados pela mesma lei? Por que então devemos nos hostilizar? Por que desejar fazer prevalecer o espírito provinciano?[35]

Nove anos mais tarde, nesta mesma cidade, Alfredo Farina, diretor responsável pelo periódico humorístico, literário e noticioso *Lo Scudiscio* (O Chicote), após exortar a união dos italianos, ponderava:

> Nós, aqui, não somos todos da Itália; nós, aqui, não nos sentimos italianos, mas piemonteses, calabreses, sicilianos, vênetos, toscanos, etc., etc., segundo a região na qual nascemos. O regionalismo, do qual se ouvem os tristes efeitos mesmo na Itália, aqui se desenvolve em grau maior; parece que se volta aos tempos medievais.[36]

---

33 Oliveira, *Impasses no novo mundo: imigrantes italianos na conquista de um espaço social na cidade de Jaú (1970-1914)*, p.115, 113.
34 Di Gianni, op. cit., p.115.
35 Canesi, op. cit., p.2.
36 Farina, *Uniamoci! Lo Scudiscio*, p.1.

Figura 68. Associados da Società Italiana di Mutuo Soccorso, que reunia os italianos setentrionais de Limeira, c.1904-1906.

Fonte: Rottelini, op. cit.

Figura 69. Sede da Società Meridionali Vittorio Emanuelle III, de São Carlos, c.1900.
Fonte: FPM.

Em Ribeirão Preto, apesar de as questões regionais estarem muitas vezes presentes nos conflitos, a sociedade italiana fundada por meridionais em 1900 logo se fundiu a outra, gerando uma entidade que se tornou a representante "oficial" dos italianos no município.[37]

Porém, tais clivagens regionais custaram a ser superadas em outras cidades – como em Araraquara, onde, na primeira década do século XX, existiam três associações italianas de beneficência e socorro mútuo, cada uma delas congregando majoritariamente italianos do norte, do centro e do sul da Itália. Somente em 1912 foram unificadas as duas últimas, e a resultante desta fusão unificou-se com a primeira em 1920.[38] Em São Carlos, também coexistiram por décadas pelo menos duas associações italianas, uma delas congregando quase exclusivamente italianos do sul.[39] Infelizmente, em função da dificuldade de se acessar a origem precisa das famílias italianas,[40] são poucos os estudos sobre italianos em cidades do interior paulista que analisam clivagens regionais como os exemplos aqui mencionados de Ribeirão Preto, Franca, Araraquara, São Carlos e Jaú. Tudo indica, entretanto, que tais clivagens de fato ocorreram e pautaram a sociabilidade fragmentada da colônia em muitos municípios.[41] Nesse sentido, a denominação *Italiani Uniti*, comum a várias associações fundadas por italianos no interior paulista, é significativa por revelar o esforço deliberado – e nem sempre bem-sucedido – de acomodar em uma mesma instituição indivíduos de origem regional e de credo ideológico marcadamente distintos.

---

37 Furlanetto, op. cit.
38 Teixeira, *Nacionalismo – fascismo – italianidade*, p.195.
39 Sobre Piracicaba, Luigi Biondi (*Classe e nação: trabalhadores e socialistas italianos em São Paulo, 1890-1920*, p.74) informa também a fundação de uma sociedade mútua formada por *meridionali* em 1898.
40 As principais fontes nesse sentido são os registros de casamento e os processos criminais, documentos que, ao qualificar os envolvidos, em geral registraram seu local de nascimento.
41 Ao passo que, na capital, assinala-se a presença de associações que, já na denominação original, traziam sua exclusividade regional (Veneta San Marco, Meridionali Uniti, Trinacria etc.), mesmo que, depois de algum tempo, hospedassem sócios de todas as regiões italianas, como foi o caso, por exemplo, da Lega Lombarda.

Figuras 70 e 71. O termo *Italiani Uniti*, comumente empregado na designação das associações, testemunha o empenho destas em superar diferenças regionais e ideológicas entre os italianos. Acima, sede da Società Italiana di Mutuo Soccorso Italiani Uniti, de Guariba, fundada em 1915. Abaixo, detalhe da fachada atual da Società Fratelli Italiani Uniti, de Franca.

Fonte: Rottelini, op. cit.; acervo pessoal (Oswaldo Truzzi).

Em São Carlos, a análise de processos criminais evidencia que o alvo principal das discriminações na colônia eram os calabreses, tratados muitas vezes como se não fossem eles próprios italianos. Em inúmeras ocasiões, nos testemunhos reproduzidos nos corpos documentais dos processos, o designativo "calabrês" era empregue em sentido pejorativo, como insulto, buscando depreciar seu portador.[42] Sobre a Ribeirão Preto de 1905, Patrícia Furlanetto menciona as restrições que um calabrês, secretário de uma das sociedades italianas, enfrentava para se manter num cargo que representasse toda a colônia italiana.[43] Flávia Oliveira observou o mesmo no caso de Jaú, onde "imigrantes do norte e do centro da Itália, principalmente vênetos, piemonteses e toscanos, quando se envolviam em conflito com calabreses, faziam questão de demonstrar que se distinguiam deles".[44] Contudo, como a mesma autora notou, a pecha negativa de "calabrês" não se estendia àqueles bem-sucedidos (que não eram poucos), mesmo que oriundos dessa região.

No seio das associações, a maior parte delas inicialmente abraçava ideais mutualistas, oferecendo várias modalidades de auxílio a seus associados. Esse atendimento assistencial beneficente, ainda que sujeito a todo tipo de percalços financeiros e pouco atingindo a população italiana majoritariamente rural, constituiu um elemento importante de reforço da italianidade. É ingênuo, porém, interpretar as associações como harmônicas e interessadas em apenas construir, defender e fortalecer a italianidade no seio da colônia.

Ao longo do tempo, além das clivagens regionais, acumularam-se também diferenças econômicas e sociais entre os membros das associações e, a partir daí, interesses divergentes. Na própria capital, Luigi Biondi observou o caráter interclassista de várias sociedades italianas, sugerindo que ali o mutualismo italiano

> [...] era uma expressão auto-organizativa quase exclusivamente de artesãos e operários especializados e de pequenos e médios industriais. No contexto interiorano, onde a classe operária industrial era mais rarefeita, profissionais liberais, comerciantes e artesãos – todos residentes no meio urbano – dominavam as associações étnicas.[45]

---

42 Mazutti, *Italianos em formação (São Carlos, 1882-1914)*.
43 Furlanetto, op. cit., p.130.
44 Oliveira, op. cit., p.120.
45 Biondi, op. cit., p.78. Mesmo essa composição mais "homogênea" das lideranças associativas no interior era incapaz de eliminar disputas. Sobre Franca, por exemplo, Tercio Di Gianni (op. cit., p.110) relata que Gaetano Petraglia "polarizava em torno de si o grupo de mais elevada qualificação profissional, atraindo as críticas dos que defendiam uma maior participação de artesãos e outros profissionais urbanos na condução do sodalício".

Como amiúde ocorre em processos de conformação de elites étnicas locais, seus diretores passaram a obedecer uma dupla agenda, não raro conflitante: de um lado, atender aos anseios da colônia italiana, por vezes reforçando a identidade desta e os vínculos com a terra natal; de outro, extrapolar os limites da própria colônia e integrar as elites locais dominantes em cada município, diluindo, assim, seu caráter étnico. A busca simultânea por prestígio interno (reconhecimento pelos associados) e externo (pelas elites oligárquicas locais)[46] encerrou uma ambiguidade que vertebrou muitas das rivalidades e disputas sobre quem fala em nome dos italianos no seio das associações. Ao mesmo tempo, fora delas, havia outras instituições, como as lojas maçônicas ou os clubes de desporto local, que desde a República Velha favoreciam a articulação entre imigrantes italianos e elites locais no meio urbano.[47] Em Franca,

---

46 Tercio Di Gianni (op. cit., p.98) observa que uma das estratégias "para legitimar sua posição de intermediação entre os interesses da colônia e as autoridades locais foi a constante atração dessas aos atos solenes da associação, quando as autoridades brasileiras eram convidadas a proferir discursos ao lado dos líderes italianos. Complementarmente, a outorga pelas sociedades de distinções como as de sócio benemérito ou honorário a representantes das oligarquias locais testemunha exatamente tal esforço de aproximação em direção às elites (vide Furlanetto, op. cit., p.75, 78, 243). Também muitas das ações filantrópicas realizadas pelas associações na comunidade mais ampla e, mais tarde, o próprio engajamento resoluto delas no movimento de 1932 na maior parte dos municípios interioranos podem ser interpretados segundo este mesmo registro.

47 Sobre as primeiras, nem sempre há informações disponíveis, mas os dados apurados em São Carlos, Araraquara e Catanduva são suficientes para ilustrar sua relevância como instituição. Em São Carlos, desde os anos 80 do século XIX, havia italianos maçons: "como pode ser facilmente notado, grande parte dos Irmãos da Loja Estrella do Oriente, por iniciação ou filiação, principalmente no período final da existência da Loja, eram da colônia italiana". Em 1894, foi fundada uma nova loja, a Cristoforo Colombo, na qual "quase a totalidade de seus fundadores pertencia à colônia italiana" (Lotúmulo Jr. e Tolentino, *O centenário de um ideal – a história da Loja Maçônica "Eterno Segredo"*, p.73). Porém, apenas cinco anos depois, muitos remanescentes de tal loja se incorporaram à fundação da Loja Eterno Segredo, que acabou se constituindo na principal instituição da maçonaria local, e que completou recentemente 117 anos de existência. Entre os doze fundadores dessa loja, no longínquo 1899, consta que pelo menos metade deles eram imigrantes com domicílio na cidade, em geral negociantes e artesãos. Em Araraquara, a principal loja maçônica foi fundada em 1915 com o concurso dos italianos Belarmino Grossi, Agostino Tucci, Gelislau Grecco e Valentin Aiello, todos integrantes das duas associações italianas existentes na época, conforme apurou Teixeira (*Associações italianas no interior paulista num espaço compartilhado: nacionalismo e italianidade sob a perspectiva da história local*, p.203-10). Essa mesma autora arrola vários italianos relativamente bem-sucedidos que participavam ativamente da loja local e, ao mesmo tempo, da

Tercio Di Gianni notou que a integração total dos italianos bem-sucedidos ficou "prejudicada pelo papel que lhes era reservado, já que, atraídos para o interior da classe dominante, simultaneamente foram estimulados a liderar seus compatriotas, o que pressupunha manter aspectos de sua identidade étnica".[48] Mais adiante, conclui que

> [...] a representação da colônia junto às autoridades representava muito mais que a defesa das reivindicações da colônia. Essa liderança somava prestígio aos currículos, abrindo perspectivas de conquistas pessoais efetivamente praticadas até com prejuízo da coletividade.[49]

Sobre Jaú, Flávia Oliveira apurou que

> [...] alguns imigrantes, à medida que iam ascendendo economicamente, procuravam uma aproximação com esses poderosos para obter benesses, e, nesse afã, muitas vezes deixavam de lado interesses que convinham à comunidade imigrante, (evidenciando que) ganhos econômicos e as benesses advindas das alianças políticas falavam mais alto do que as práticas de solidariedade.[50]

A respeito de Ribeirão Preto, Patrícia Furlanetto observou que, em 1910, a transformação (apoiada pela estrutura consular) da Società di Mutuo Soccorso e Beneficenza Pàtria e Lavoro em uma seção da Dante Alighieri era condizente com os rumos de uma associação que necessitava "cada vez menos de socorros mútuos e cada vez mais de prestígio".[51] A mesma autora observa que "as sociedades étnicas tornaram-se fonte de legitimidade [...] principalmente para os imigrantes que desejavam construir um prestígio social diante da sociedade local".[52]

Società Italiani Uniti, fundada nos anos 1920, já por influência do fascismo. Em Catanduva, a primeira loja maçônica local, fundada em 1923, contava, dois anos depois, com nove italianos entre os seus 21 membros (Leite, *Os italianos no poder: cidadãos catanduvenses de virtude e fortuna, 1918-1964*, p.77).

48 Di Gianni, op. cit., p.86.
49 Ibid., p.117.
50 Oliveira, op. cit., p.112, 148.
51 Furlanetto, op. cit., p.80.
52 Idem.

Italianidade no interior paulista

Figura 72. Palestra Italia, de Araraquara, s.d.
Fonte: MIS-Ar.

Figura 73. Italianos (Chirico, Melani, Simaro, Bortolato e Masini) da Loja Maçônica Independência, de Franca, fazendo a entrega de alimentos para o Natal dos pobres, s.d.
Fonte: AHM.

Ao longo dos anos, e à medida que as diferenças econômicas e sociais se adensaram, esse tipo de tensão permeou o cotidiano das associações, fragilizando-as.[53] Nesse sentido, Angelo Trento já havia observado que "a própria proliferação dessas associações mostra como elas surgiram e se cindiram mais por rivalidades de ordem pessoal do que por um impulso efetivo de solidariedade em favor dos compatriotas em dificuldade".[54] Assim, embora numerosas pelo interior paulista, muitas padecerão desta espécie de fraqueza congênita (inclusive financeira), aprisionadas pelo espírito regionalista, subjugadas pelas disputas de líderes sem visão ou interessados em se aproximar das elites locais, pela apatia reinante no grosso da colônia e pela escassa penetração em áreas rurais.[55] Para se dar um exemplo, em Araraquara, a Società Italiani Uniti, já fruto da junção de duas associações mutualistas italianas, congregava em 1921 apenas 162 sócios, para uma população recenseada de 5.775 italianos (3.186 homens) em 1920. A própria frequência às assembleias era reduzida: mais tarde, entre os anos de 1931 e 1937, as atas registraram uma participação média de 26 sócios, para uma população estimada em 21 mil indivíduos, entre italianos e filhos de italianos.[56]

Havia, portanto, evidentes dificuldades para a ação coletiva entre italianos, mesmo nas cidades: a esperança inicial de um retorno breve, a estratificação vigente na colônia, estimulada pelo paternalismo dos bem-sucedidos, aliada à circunstância, observada por Trento, de que a maioria dos imigrantes fora forçada a se adaptar a ambientes muitos distintos para sobreviver e buscar alguma mobilidade (de uma Itália rural em depressão para as fazendas de café e destas para os núcleos urbanos do interior, às vezes no decorrer de uma única geração): tudo isso debilitou qualquer perspectiva de ação coletiva mais

---

53 Rosane Teixeira (Società Italiani Uniti: do triunfo à decadência. A emergência do fascismo. *Topoi*, v.14, n.26, p.152) observou, por exemplo, conflitos sobre a elevação da taxa de mensalidade da associação italiana de Araraquara, concluindo que as desavenças e a polarização em duas facções decorriam da ascensão social de alguns, que se distinguiam por suas posses. Sobre Franca, Tercio Di Gianni (op. cit., p.107) registrou disputas internas, "numa clara concorrência pela liderança da colônia".
54 Trento, *Do outro lado do Atlântico: um século de imigração italiana no Brasil*, p.161.
55 Ainda em Franca, o universo de representação da Associação Fratelli Italiani Uniti "não incluía nada além dos limites urbanos, exceto outras cidades. Ficavam excluídos os italianos residentes na zona rural, mesmo que afortunados" (Di Gianni, op. cit., p.98).
56 Teixeira, op. cit., p.149; *Associações italianas no interior paulista num espaço compartilhado: nacionalismo e italianidade sob a perspectiva da história local*, p.113-4.

consequente, reforçando a busca de trajetórias de ascensão socioeconômica individuais.

Sendo assim, como notou Robert Foerster, o espírito coletivista das associações ficava restrito a mobilizações episódicas, como o 20 de setembro, ou a ocasiões envolvendo tragédias na terra de origem: enchentes no vale do Pó, erupções do Vesúvio, epidemias de cólera em Nápoles, terremotos na Calábria, Sicília e Abruzzo; ou ainda a aniversários de morte ou nascimento de líderes, como Garibaldi, Vittorio Emanuele II ou Umberto I.[57]

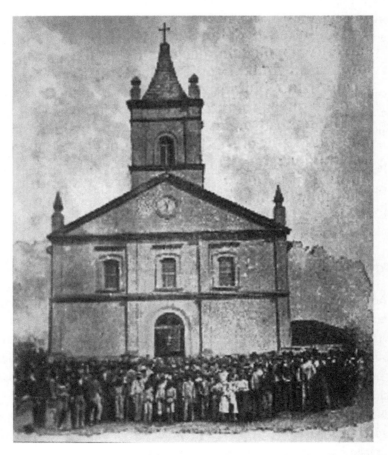

Figura 74. Manifestação na Igreja paroquial de Araraquara, em 1900, por ocasião das exéquias do rei Umberto I, assassinado em Monza por um anarquista.
Fonte: MIS-Ar.

---

57 Foerster, *The Italian emigration of our times*, p.318.

Cabe ainda observar que a própria imprensa étnica no interior, na maior parte das vezes também empenhada em construir a união dos italianos em cada município ou ao menos bradar por ela, sempre apresentou enormes dificuldades em se firmar, seja pelo fato de a maior parte dos italianos residirem no meio rural, onde muitos ainda eram analfabetos, seja porque a consolidação de uma rede de correspondentes e distribuidores do *Fanfulla* no interior, desde o início do século XX, já disputava também a fidelidade do diminuto público leitor.[58]

Nesse sentido, são significativos os termos usados por Federico Carlo Spicacci, redator responsável pelo primeiro número do jornal *La Libertà*, lançado em Rio Claro em 1891:

> O jornal nasce sob tristes auspícios: pobre, desconhecido e sem protetor, tampouco mantenho ilusão falsa sobre a sorte que lhe tocará; mas poderei sempre dizer que nasce "livre" [...]; minha gratidão, com aqueles que me ajudaram e encorajaram na escabrosa e dura empresa, jamais se extinguirá.[59]

Para os italianos, o clima de dificuldades para reforçar uma identidade étnica que em geral reinou no associativismo no interior paulista somente se alteraria com a emergência do fascismo na terra de origem.

Desdobramentos políticos na terra de origem

Ao longo das primeiras décadas transcorridas após o início da migração em massa, foi patente a ausência do estado italiano no destino dos imigrantes vindos a São Paulo. Ante denúncias de maus tratos no meio rural, este tratou de tão somente reformar o regime emigratório, por meio da edição do decreto Prinetti, em 1902, que proibia a imigração de italianos com passagens subsidiadas.

No entanto, pode-se afirmar que os italianos já emigrados foram abandonados, praticamente relegados à própria sorte. Nas primeiras décadas da emigração em massa, "a indiferença dos governos para com os emigrados foi praticamente total [...] quanto mais gente partisse, menor seria a crise

---

58 Trento, *Imprensa italiana no Brasil, séculos XIX e XX*.
59 Spicacci, Ai Lettori. La Libertà. *Giornale Critico Popolare*, ano 1, n.1. p.1.

local, menor o número de desempregados, melhor seria para a ordem pública e para a manutenção do *status quo*".[60] O que se observa reiteradamente é a presença quase nula do governo italiano na vida das comunidades emigradas, sobretudo nos rincões do interior paulista.

O próprio *Fanfulla*, publicado na capital, já no final do século XIX traçava as consequências desastrosas para a valorização da italianidade, mormente entre as gerações mais jovens:

> Vemo-nos abandonados, ou quase, pela pátria mãe! Uma voz autorizada, a voz do governo, cala-se em iniciativa de institutos educativos, sementeiros do caráter nacional e da língua pátria [...] E assim nos é dado assistir à lenta mas contínua demolição do caráter italiano nos filhos dos italianos aqui nascidos que, dentro em pouco, não mais reconhecerão sua origem, ignorarão para sempre as grandezas gloriosas da história da Itália, esquecerão a terra natal dos próprios pais, e não terão mais nenhum sentimento ou afeto por aquela grande pátria que foi o berço de grandes homens [...][61]

Esse era o panorama geral nas duas primeiras décadas do século XX, que se modificaria a partir dos anos 1920. Como sói acontecer, turbulências políticas na sociedade de origem têm o poder de inflamar paixões e despertar vínculos étnicos nas comunidades imigradas. Os exemplos nesse sentido são muitos, e o caso particular aqui tratado relaciona-se à emergência do fascismo, significando uma alteração no modo como o governo italiano passou a conceber os emigrantes estabelecidos no exterior. Diferentemente do descaso habitual praticado pelos governos anteriores, o governo fascista passou a enxergar com interesse a preservação dos laços da coletividade italiana com a pátria mãe, tendendo a ver os imigrantes como representantes e propagandistas potenciais dos interesses econômicos e políticos de uma nova Itália, que redefinia positivamente seu papel no cenário das nações.

Já em 1911, a italianidade fora favorecida pela aventura colonialista italiana na Líbia. Nos anos 1920, a emergência do fascismo, seu crescente fortaleci-

---

60 Cenni, op. cit., p.236. Também em Porto Alegre, lamentava-se a debilidade no ensino da língua italiana, ao mesmo tempo que um padre observava que a colônia se desagregava, já que os filhos dos italianos, ricos ou pobres, não frequentavam as poucas escolas italianas (Manfroi, *A colonização italiana no Rio Grande do Sul: implicações econômicas, políticas e culturais*, p.142).

61 *Almanacco Del Fanfulla*, 1899. In: *La Sentinella Italiana*, Campinas, 15 jun. 1902.

mento e a chegada de Mussolini ao poder (1922) redefiniram a postura do governo italiano em relação a suas comunidades *all'estero*. No cenário das potências europeias, a Itália se fortalecia. Militarmente, o ápice da aventura fascista no pré-guerra culminou na conquista da Abissínia (Etiópia), em 1936. Para as comunidades italianas fora da Itália, implementava-se uma política muito mais ativa, cuja espinha dorsal sustentava ser inconcebível haver italianidade fora do fascismo.

Em alguma medida, os fascistas lograram promover, na mente dos emigrantes italianos, essa identidade entre regime e nação. Os efeitos de tal política logo se fizeram sentir na capital paulista e em todo interior do estado (sobretudo após a chegada do cônsul Mazzolini a São Paulo, em 1928) e podem ser atestados pelo compêndio *Lo Stato di San Paolo nel Cinquantenario dell'Immigrazione*, organizado por Salvatore Pisani e publicado em 1937, que descreve, com riqueza de detalhes e abundância de nomes, a abrangente rede dos *fasci* montada em quase todas as cidades de algum porte do estado.[62]

Figura 75. Obra publicada por Salvatore Pisani em 1937, indicativa da adesão de muitos italianos ao fascismo em todo o estado de São Paulo.
Fonte: APHRP.

---

62 Pisani, *Lo stato di San Paolo nel cinquantenario dell'immigrazione*.

Como consequência, assiste-se nas cidades do interior ao progressivo aparelhamento das associações, em um ambiente onde a resistência ao fascismo encontrava muitas dificuldades para se organizar.[63] Em meio a uma imensa maioria de indiferentes, militantes fascistas e uns poucos antifascistas passam a disputar a italianidade – com os primeiros, apoiados pela estrutura consular, em geral levando a melhor. Pode-se dizer então que, guardadas as devidas proporções, os embates observados na capital se replicaram pelo interior afora, onde o antifascismo padeceu da mesma debilidade (que, diga-se de passagem, nem a conjuntura de guerra dos anos 1940 conseguirá reverter), anulado pela crescente adesão e entusiasmo, nos meios urbanos, pelo novo lugar do estado italiano no mundo.

Figura 76. Solenidade de recepção na estação da Cia. Mogiana em Ribeirão Preto, por ocasião da visita de Pietro Badoglio (de farda, ao lado do prefeito municipal João Guião), embaixador da Itália no Brasil, em 5 jun. 1924.
Fonte: APHRP.

---

63 Diferentemente da Argentina, onde o antifascismo foi muito mais organizado e atuante (Devoto, *Historia de los italianos en la Argentina*). Para a menção de alguns núcleos de resistência ao fascismo no interior paulista, consultar João Fabio Bertonha (*O fascismo e os imigrantes italianos no Brasil*, p.205-8). Sobre a Araraquara de 1930, Rosane Teixeira (Società Italiani Uniti: do triunfo à decadência. A emergência do fascismo. *Topoi*, v.14, n.26, p.154, 157) apurou que o embate entre fascistas e antifascistas provavelmente resultou na expulsão dos últimos da associação e que a ideologia fascista "estava longe de ser aceita pela maioria dos sócios e pela grande parte da colônia italiana residente".

De fato, os italianos e seus descendentes radicados no Brasil pela primeira vez podiam olhar com alguma admiração essa espécie de "promoção" da nação da qual provinham ao concerto dos países mais poderosos, ainda que uma militância pró-fascista fosse mais robusta entre as elites de *oriundi* do que entre os estratos mais populares, a maior parte deles nesta altura já instalados no Brasil havia várias décadas.[64]

Embora possam ter ocorrido desconfianças em relação ao novo regime e à sua doutrina no seio de algumas instituições,[65] e ainda que as associações tenham, de modo geral, preservado sua autonomia e resistido às tentativas de federalização, unificação ou tutela pretendidas pelas autoridades consulares, todo o aparelho étnico-institucional abrangido pelos consulados, escolas, associações e imprensa, presente em vários municípios do interior paulista, mais cedo ou mais tarde comungará dos ideais fascistas e se engajará nessa formidável empreitada doutrinária nacionalista. É plausível que nos meios interioranos as diferenças sociais na comunidade fossem menos agudas que na capital, o que favorecia as relações sociais e a congregação dos italianos em festas e atividades promovidas pelos *fasci*.[66]

Porém, no que tange à já anêmica vida associativa, Bertonha pondera ser

> [...] difícil saber se a ação fascista prejudicou a existência das associações, mas é evidente que ela não conseguiu eliminar na íntegra os velhos problemas que afetavam o seu desenvolvimento e nem conter o processo de absorção cultural dos italianos e seus filhos, o qual afastava cada vez mais essas pessoas da vida associativa italiana local e que implicava, obviamente, na sua lenta decadência.[67]

Rosane Teixeira, por exemplo, documentou os vãos esforços da associação italiana de Araraquara em estancar a queda no número dos sócios nos anos 1930, enquanto uma ata de 1936 registrava a "apatia total da colônia local".[68]

---

64 Bertonha, *O fascismo e os imigrantes italianos no Brasil*, op. cit.; Araujo, *Migna terra. Migrantes italianos e fascismo na cidade de São Paulo (1922-1935)*.
65 Angelo Trento (*Do outro lado do Atlântico: um século de imigração italiana no Brasil*, p.332), por exemplo, refere-se a derrotas que os camisas-negras sofreram na Società Operaia Italiana di Beneficenza e di Istruzione, em Rio Claro, e no Circolo Italiano Gabriele D'Annunzio, em Sorocaba.
66 Bertonha, *O fascismo e os imigrantes italianos no Brasil*, p.209.
67 Ibid., p.161.
68 Teixeira, op. cit., p.156.

De qualquer modo, não se pode negar, sobretudo tendo-se em conta a influência inicial dos regionalismos no caso italiano, que o fascismo consolidou a italianidade, reforçando, pelo menos até o final da década de 1930, o sentido de pertencimento à nação de origem. Mas não o fez de forma homogênea. Em primeiro lugar, como já apontado, a diminuição contínua e crescente dos fluxos migratórios de italianos a partir dos primeiros anos do século XX debilitava a adesão ao fascismo. Como reconheciam os próprios propagandistas do regime,

> [...] sem fluxos renovadores de migrantes italianos e com a assimilação rápida destes (e, especialmente, dos seus filhos) no exterior, a batalha pela manutenção da italianidade entre o italianos fora da Itália estava, desde os seu início, perdida e que tudo o que o fascismo poderia fazer era tentar se adaptar a isso.[69]

Como esperado, havia então uma clivagem geracional: o entusiasmo foi maior entre os imigrantes nascidos na Itália do que entre *oriundi* nascidos no Brasil. Lembre-se, a propósito, que os primeiros constituíam uma população já relativamente envelhecida: dos 235 mil italianos enumerados no estado pelo censo de 1940, 64% deles já tinham mais de 50 anos.[70] Seus filhos, nascidos no Brasil, sentiam-se muito mais brasileiros do que italianos e, quando tiveram que abraçar um partido após o movimento de 1932 em São Paulo, sentiram-se mais à vontade em se declarar integralistas[71] do que militantes fascistas.[72]

Entretanto, é provável que, no contexto do interior paulista, ambos os movimentos caminhassem juntos, em parte porque as sociedades eram menores e menos diferenciadas que na capital, em parte porque o integralismo se inspirou e aproveitou muitos elementos doutrinários (corporativismo, fortalecimento do estado, educação militante da juventude, centralismo e desconfiança da democracia) e simbólicos (coreografia das saudações e das manifestações, festivais de ginástica e uniformes, carisma do líder etc.)

---

69 Bertonha, *O fascismo e os imigrantes italianos no Brasil*, p.31.
70 Trento, op. cit., p.269.
71 Sobre as relações íntimas entre integralismo e fascismo (incluindo-se aportes financeiros do governo fascista para apoiar as operações do integralismo no Brasil), consultar Angelo Trento (*Fascismo italiano* e *Do outro lado do Atlântico: um século de imigração italiana no Brasil*) e João Fabio Bertonha (*O fascismo e os imigrantes italianos no Brasil.*).
72 Bertonha, *O fascismo e os imigrantes italianos no Brasil*, p.197.

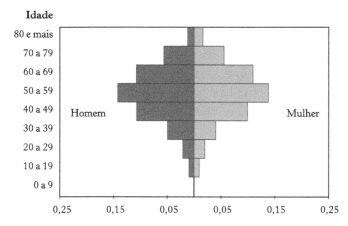

Figura 77. Pirâmide etária da população italiana no estado de São Paulo em 1940, evidenciando seu envelhecimento.
Fonte: Bassanezi et al., *Atlas da imigração internacional em São Paulo 1850-1850*, p.97.

do fascismo italiano, o que fortalecia a identidade ideológica entre ambos. A historiadora Julita Scarano pôde recolher o seguinte depoimento de um velho italiano:

> Eu era italiano e fascista. Achava que Mussolini era um grande homem que governou a Pátria e fez muito por ela. Os movimentos de antes da guerra eram autorizados pelo governo brasileiro. Aqui em Rio Claro marchavam juntos os fascistas de camisas pretas e os integralistas de camisas verdes.[73]

Além disso, a recepção ao fascismo foi vincada por diferenças de classe. O antropólogo italiano Carlo Castaldi, por exemplo, apontou como italianos recém-chegados à classe média, à medida que ascendiam socialmente, foram tomando suas distâncias em relação à cultura dialetal e de aldeia com que haviam aportado, para cada vez mais abraçar uma cultura italiana oficial – e, a partir do final dos anos 1920, fascista – que lhes rendia maior reconhecimento. Industriais e negociantes em geral, sobretudo proprietários de casas importadoras espalhadas por todo o interior paulista e que mantinham contatos ou mesmo se deslocavam amiúde para a Itália, conservavam vínculos maiores com a terra de origem e estavam mais sujeitos aos apelos

---

[73] Scarano apud Bertonha, *O fascismo e os imigrantes italianos no Brasil*, p.379.

do nacionalismo fascista, inclusive porque vislumbravam a perspectiva de lucrar com o incremento de suas atividades comerciais.[74] Para eles, o fascismo representava uma oportunidade de reafirmar seu papel de liderança à frente de sua comunidade étnica e, ao mesmo tempo, de se fortalecer perante a sociedade local mais abrangente. Por causa disso, as elites italianas locais foram as maiores interessadas em afirmar tal espírito nacionalista, embora a diferenciação social crescente entre italianos apontasse para interesses cada vez mais fragmentados. Segundo João Fabio Bertonha, nas classes subalternas prevalecerá apenas um sentimento pró-fascista "difuso" e genérico, incapaz de se converter em alinhamento político, combinado ainda, como já se afirmou, com a firme defesa de uma identidade brasileira entre a primeira geração nascida no Brasil.[75]

Ao mesmo tempo, entre operários urbanos, a própria condição de classe comum foi se fazendo mais presente que o apelo étnico, ainda que as mobilizações apenas ocorressem em conjunturas muito específicas, como durante a greve geral de 1919, e nas cidades que podiam contar com uma classe operária mais numerosa, como Campinas, Sorocaba e Ribeirão Preto.

Figura 78. Trabalhadores da fábrica de banha A Paulista, pertencente às Indústrias Matarazzo, em Itapetininga, por ocasião da visita do patrão, c.1906.
Fonte: CMU.

---

74 Hutchinson, Bertram et al., *Mobilidade e trabalho: um estudo da cidade de São Paulo*.
75 Bertonha, *O fascismo e os imigrantes italianos no Brasil*, op. cit., p.188, 201, 204.

Figura 79. Operários com suas ferramentas, membros do Partido Anarquista de Franca, defronte à bandeira com a inscrição "Operários do mundo inteiro, uni-vos", c.1930.
Fonte: AHM.

Assim, embora relativamente envolvente no que diz respeito, sobretudo, aos estratos italianos de classe média radicados em áreas urbanas do interior paulista, o cortejo do fascismo durou pouco mais de uma década. Já ferido de morte pelos desenvolvimentos políticos decorrentes da decretação do Estado Novo, o golpe final no Brasil veio em 1942, com a entrada do país na Segunda Guerra e, no plano internacional, com a derrota da Itália no confronto.

Desdobramentos políticos na terra de adoção

Como o governo paulista – e depois, nacional –[76] influenciaram a identidade nacional dos italianos no interior paulista?

---

76 Considera-se aqui a atuação mais marcante do governo estadual até os anos 1920 e, a partir de 1930, do governo nacional, decorrente da centralização política e administrativa crescente empreendida por Vargas. Registre-se, porém, a iniciativa do governo nacional, recém-instaurada a República, de decretar a chamada *grande naturalização*, segundo a qual eram "considerados cidadãos brasileiros todos os estrangeiros que já residiam no Brasil no dia 15 de novembro de 1889", ou aqueles que "tiverem residência no país por dois anos,

Já se observou anteriormente como o governo do estado, preocupado em garantir um fluxo abundante de mão de obra para a lavoura cafeeira que substituísse os escravos, acabou indiretamente influenciando a construção de uma identidade étnica italiana, ao eleger e categorizar inicialmente o italiano como agente privilegiado da implantação do trabalho livre na sociedade. Para tanto, subvencionou a imigração, intensificou a propaganda com o objetivo de atrair italianos, providenciou acolhimento na Hospedaria e meio de transporte para as fazendas, ou seja, promoveu a criação de todo um sistema para a atração de imigrantes específicos, segundo um esquema que depois abrangeu grupos de outras origens, especialmente após a Itália proibir a imigração subsidiada, em 1902.

Seu interesse maior era desarmar a imagem negativa que o Brasil (em particular, São Paulo) passava no exterior, com o objetivo de manter a oferta abundante de imigrantes no mercado de trabalho rural, imagem esta alimentada pelos países platinos, notadamente a Argentina, sua grande concorrente.[77] Esta, de fato, captou um volume maior de imigrantes, inclusive porque oferecia melhores oportunidades de mobilidade social e econômica tanto no campo quanto na cidade. Para o governo de São Paulo, tratava-se aí de conduzir a bom termo a guerra entre propagandas para atrair imigrantes europeus, o que, contudo, pouco ecoava na melhoria das condições efetivas de trabalho da massa de italianos na capital e no interior paulista.

Ilustra exemplarmente tal situação a trajetória de uma instituição como o Patronato Agrícola. Desde o final do século XIX, as reclamações quanto ao não cumprimento de contratos e abusos infligidos de modo geral pelos fazendeiros aos colonos eram normalmente dirigidas às representações consulares, sobretudo italianas, que de fato pouco faziam, mas que cumulativamente recebiam as queixas, ecoando-as na Itália, o que de algum modo podia afetar o fluxo migratório. Então, em 1912, o governo paulista criou o Patronato,[78] com o objetivo explícito de canalizar as reclamações dos colonos,

---

desde a data do presente decreto", salvo declaração em contrário. (Decreto n. 58A, de 14 de dezembro de 1889). Apesar da contrariedade do governo italiano a tal naturalização tácita implementada pelo governo brasileiro, a medida foi amplamente ignorada pela massa de imigrantes.
77 Fausto; Devoto, *Brasil e Argentina: um ensaio de história comparada, 1850-2002*.
78 Esta instituição foi dirigida por Eugênio Egas, ele próprio ligado por laços de parentesco a grandes cafeicultores, até seu fechamento em 1934.

desviando-as do âmbito consular, o que podia atenuar a publicidade negativa das condições de trabalho nas lavouras paulistas.

Um de seus propósitos formais era zelar pelo cumprimento dos contratos de imigração por ambas as partes – fazendeiros e colonos. Quando, em 1914, o Patronato passou a constituir uma instância crescentemente utilizada para a mediação dos conflitos, o Secretário de Agricultura de São Paulo comemorou:

> [...] as queixas dos colonos estrangeiros, que logicamente iam ter aos respectivos consulados, encaminham-se agora quase todas ao Patronato, reduzindo assim os arquivos consulares de queixas contra o país, com proveito evidente para o nosso prestígio de Estado, que procura braços para a lavoura e elementos adequados para povoar seu solo.[79]

Dado seu interesse principal em prover farta mão de obra à grande propriedade cafeicultora, foi patente também o desinteresse do governo paulista em incentivar a difusão da pequena propriedade rural a imigrantes por intermédio de núcleos coloniais, como ocorreu, por exemplo, nos estados do sul do Brasil, onde vicejou outro modelo de colonização.[80] O próprio Patronato Agrícola tinha também entre seus objetivos promover a imigração e a colonização no Estado, mas seu diretor, Eugênio Egas, aprovava o escopo limitado das ações do governo paulista na disseminação de núcleos coloniais, caracterizando-os como uma utopia de reformadores, já que "o pequeno proprietário, em regra geral, não tem recursos, nem cultura de espírito suficiente para empreendimentos e reformas".[81] Embora existentes, conclui Thomas Holloway, esses núcleos "nunca representaram mais do que uma pequena parte do complexo agrícola de São Paulo".[82]

De qualquer modo, nas primeiras décadas do século XX, como já se observou, os italianos eram vistos como laboriosos, ativos protagonistas no processo de embranquecimento da nação e, regra geral, ciosos de seu lugar, isto é, prudentes ao se manterem afastados da política – pois à época, no cenário interiorano dominado por coronéis, outra atitude soaria impertinente.

---

79 São Paulo, *Relatório da Secretaria de Agricultura do Estado*, p.171-2.
80 Para uma comparação entre os dois modelos, consultar Giralda Seyferth, *Imigração e cultura no Brasil*.
81 Dean, op. cit., p.185.
82 Holloway, *Imigrantes para o café*, p.207.

Ilustra tal situação o comentário sobre os italianos colhido em um almanaque publicado em 1915 na cidade de São Carlos, então dominada por coronéis: "não tentaram, salvo raras exceções, galgar postos políticos, mas, com o máximo respeito pelas instituições nacionais, se agruparam em sociedades de beneficência, de cultura, de propaganda patriótica".[83]

Essa era a situação geral até o final da Primeira República. A partir dos anos 1930, desdobramentos políticos na terra de adoção – São Paulo – também produziram seus efeitos sobre o modo como evoluíram as identidades dos italianos e de seus descendentes. Se até 1930 estes haviam exercido pouquíssimo impacto como protagonistas ativos da política local interiorana, e os próprios sindicatos e a imprensa étnica mostravam-se muito mais atuantes na capital, as mudanças ocasionadas pela revolução de 1930 emprestaram novo ímpeto ao movimento associativo urbano de modo geral, o que abriu oportunidades de projeção social e econômica a estratos antes marginalizados da vida política local, muitos de origem italiana.[84]

Novos mecanismos de participação no processo decisório local foram surgindo, dentre eles a atuação das associações comerciais em cada município. A partir de então, essas associações passaram a ter uma inserção permanente na vida política local. Para nossos propósitos, o relevante é que a grande maioria dos diretores de associações era composta de indivíduos de origem italiana, que, como já se viu, haviam se fixado como pequenos industriais e comerciantes nas cidades. Os anos 1930 foram época propícia para que as elites italianas locais, já alocadas nas associações italianas, procurassem ampliar seus interesses econômicos e de prestígio social para a esfera das associações comerciais e industriais locais.

O que sobressai e é muito significativo na história da criação das associações comerciais do interior paulista é que muitas delas iniciaram, aproximadamente no mesmo período, suas atividades nas sedes de associações de imigrantes: a de

---

83 De Luca, O elemento italiano no progresso de São Carlos. In: Camargo (Ed.), *Almanach Annuario de São Carlos*.

84 A título de exemplo, pode-se apontar o papel relevante atribuído aos chamados Conselhos Consultivos no nível municipal, que tomavam para si a tarefa de auxiliar e fiscalizar o prefeito, que antes era das antigas Câmaras. De modo significativo, a composição de tais conselhos determinava especificamente que os estrangeiros podiam ser incluídos nesses órgãos, o que se tornou comum entre os maiores contribuintes do município. Em muitas cidades, pode-se notar a presença de novos atores políticos – dentre eles, novos ricos e profissionais liberais de origem italiana – provenientes de classes médias em ascensão.

São Carlos na Espanhola, a de Araraquara na União Síria, as de Bauru, Catanduva e Franca nas respectivas Sociedades Italianas.[85]

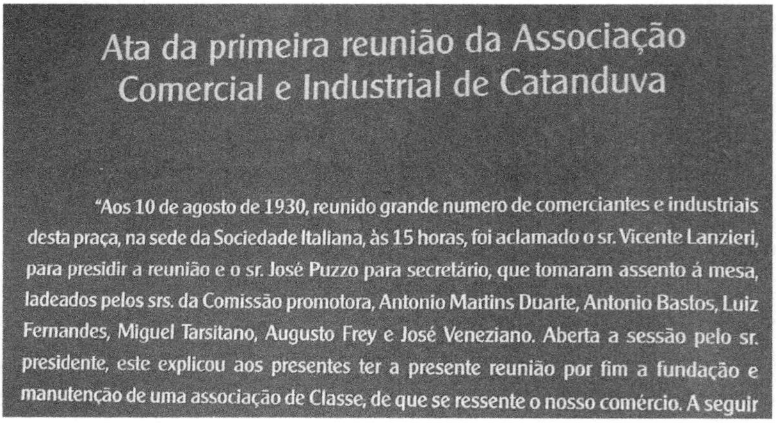

> **Ata da primeira reunião da Associação Comercial e Industrial de Catanduva**
>
> "Aos 10 de agosto de 1930, reunido grande numero de comerciantes e industriais desta praça, na sede da Sociedade Italiana, às 15 horas, foi aclamado o sr. Vicente Lanzieri, para presidir a reunião e o sr. José Puzzo para secretário, que tomaram assento á mesa, ladeados pelos srs. da Comissão promotora, Antonio Martins Duarte, Antonio Bastos, Luiz Fernandes, Miguel Tarsitano, Augusto Frey e José Veneziano. Aberta a sessão pelo sr. presidente, este explicou aos presentes ter a presente reunião por fim a fundação e manutenção de uma associação de Classe, de que se ressente o nosso comércio. A seguir

Figura 80. Reprodução da ata de fundação da Associação Comercial e Industrial de Catanduva, em agosto de 1930, na sede da Sociedade Italiana local.
Fonte: ACE – Catanduva, 2005, p.8.

Com o tempo, as associações comerciais se fortaleceram, tornando-se um consistente grupo de interesse na política local. Em alguns casos, lado a lado com as associações étnicas, elas tomaram para si um papel muito expressivo já na organização local do movimento de 1932,[86] e no clima de polarização ideológica que precedeu, antes do Estado Novo, a Constituinte de 1934 e as eleições municipais de 1936.

Em contrapartida, a partir de novembro de 1937, para os que cultivavam suas origens étnicas em associações, muito frequentes até bem entrados os anos de 1930, os tempos não foram muito fáceis, pois o Estado Novo logo

---

[85] Truzzi et al., Mudança de fronteiras étnicas e participação política de descendentes de imigrantes em São Paulo. *Revista Brasileira de Ciências Sociais*, v.27, n.80, out. 2012, p.142-3.

[86] Cumpre ressaltar que esse episódio, dado o alto grau de mobilização de todos os estratos sociais em cada um dos municípios, serviu para atenuar as distâncias sociais entre as antigas elites e os setores urbanos (trabalhadores, comerciantes e industriais) de origem italiana. Grupos sociais de origens muito distintas acabaram sendo mobilizados diante de um inimigo comum, aparando arestas e evidenciando, pela primeira vez em cidades do interior paulista, que os italianos trazidos a princípio apenas para o trabalho nas lavouras de café haviam sido requisitados a tomar partido em um episódio de natureza política, participando e lutando muitas vezes ombro a ombro com setores da elite local.

tratou de liquidar essas instituições, na prática proibindo seu funcionamento, sob a alegação de banir as ideologias políticas trazidas de fora.

Assim, o período estadonovista adotou uma ideologia nacionalista forte, que limitou severamente as atividades de associações de estrangeiros, em boa parte dos casos chegando a impedir seu funcionamento. Entre os italianos, que constituíam um fluxo migratório já antigo, elas foram asfixiadas por uma legislação que, a partir de 1938, impedia a participação de brasileiros (incluindo filhos de imigrantes) e naturalizados. De um ponto de vista institucional, esse momento consubstancia a impossibilidade de se cultivar a italianidade e, sobretudo, de se fazer política a partir das associações italianas.[87] Entretanto, não significou o alijamento dos estratos da elite italiana em cada município: exigiu-se apenas que elas passassem a canalizar seus interesses a partir de uma perspectiva profissional ou mesmo classista.

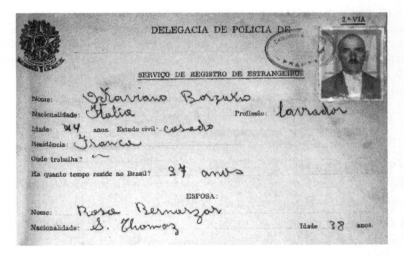

Figura 81. Ficha do italiano Octaviano Borçato, que chegou ao Brasil com 7 anos de idade e teve que se cadastrar, aos 44 anos, no Serviço de Registro de Estrangeiros, na Delegacia de Polícia de Franca, em função das medidas de controle implementadas por Vargas durante o Estado Novo (c.1939). Fonte: AHM.

---

[87] A maior parte delas deixou efetivamente de existir no início dos anos 1940: a de Araraquara teve sua última ata de convocação em 1941 e seu prédio foi cinco anos depois doado à Santa Casa de Misericórdia local; a de São Carlos, já há muito desativada, cedeu sua sede ao governo do Estado nos anos 1950, para que ali se instalasse uma Escola de Engenharia (Teixeira, Società Italiani Uniti: do triunfo à decadência. A emergência do fascismo. *Topoi*, v.14, n.26, p.160; Nosella e Buffa, *Universidade de São Paulo: escola de engenharia de São Carlos – os primeiros tempos: 1948-1971*).

Isenção de salvo-conduto a italianos

O governo determinou que os italianos não facistas, e que não sejam fichados na Ordem Politica, poderão viajar sem salvo-conduto.

Entretanto, esses cidadãos devem requerer, com urgencia, ao superintendente da Segurança Politica e Social aquela.

Do requerimento, que estará isento de quaisquer emolumentos ou firma reconhecida, devem constar:
1.o) nome por extenso; 2.o) filiação (pai e mãe); 3.o) nacionalidade (pais e cidade de nascimento); 4.o) residencia; 5.o) estado civil.

Os requerentes devem fazer prova mediante exibição da carteira «Modelo 19», da certidão de registro, do titulo declaratório ou, na falta desses elementos, da carteira de identidade oficial, [da qual consta a nacionalidade.

Aos italianos que satisfaçam as condições acima estipuladas, será fornecido um documento que o isenta da apresentação de salvo-conduto.

Figura 82. Em janeiro de 1942, em seguida ao rompimento das relações diplomáticas, o governo exigiu que os "súditos do eixo" (alemães, italianos e japoneses) entregassem suas armas e providenciassem salvo-condutos para viajar. Em julho, essa exigência foi relaxada para os italianos "não fascistas" e não fichados na Ordem Política, conforme notícia acima, publicada pelo *Correio de São Carlos* em 5 de julho de 1942. No mês seguinte, o Brasil entraria na guerra.
Fonte: UEIM-UFSCar.

Em muitos casos, como já se observou, as associações comerciais, fundadas nas próprias associações étnicas – muitas destas já aparelhadas por elites italianas urbanas de comerciantes e industriais –, continuaram a abrigar os interesses de tais elites, porém agora não mais definidos etnicamente, mas por critérios de inserção socioeconômica, ou seja, por critérios de classe. É significativo observar como em algumas trajetórias familiares as alternativas de inserção política se redefiniram de uma geração a outra e como o assim chamado "capital étnico" se transmudou em capital social e político *tout court*.

Entre outros exemplos disponíveis, tome-se o dos Lupo, de Araraquara. Enrico Lupo, nascido na província de Trento, chegou ao Brasil em 1888, com 11 anos, acompanhado do pai, da madrasta e de quatro irmãos. O pai instalou-se como relojoeiro e comerciante de joias em Araraquara. Enrico casou-se em 1901 com Judite Bonini, filha de italianos instalados em Bariri; persistiu inicialmente no ofício do pai e, como tinha habilidade com mecanismos de precisão, começou a produzir meias, fundando em 1920 as Meias

Lupo. Como italiano bem-sucedido, presidiu a Società Italiana di Beneficenza (SIB) de Araraquara, foi diretor da Società Italiani Uniti (SIU) e fundou a Rádio Cultura, a partir da qual defendeu os ideais do Movimento Constitucionalista em 1932. Embora participasse ativamente da SIB e da SIU, Lupo filiou-se em 1936 ao Partido Constitucionalista. Antes disso, em 1934, sua filha Henriqueta casou-se com o médico Giuseppe Aufiero Sobrinho. O tio deste, Giuseppe Aufiero, era também médico, formado em Nápoles e presidiu o *fascio* de Araraquara desde 1923 até seu fechamento. Na foto reproduzida na Figura 77, identifica-se Giuseppe Aufiero em posição central (o sexto sentado) e Enrico Lupo (o primeiro em pé, à direita), entre outros militantes, reunidos na sede da Società Italiani Uniti, em Araraquara. Da foto não consta a data, mas o uniforme do camisa negra (em pé ao fundo) empunhando a bandeira do fascismo italiano não deixa dúvidas quanto à ocasião de congraçamento entre fascistas.

Figura 83. Membros da Società Italiani Uniti, de Araraquara. Ao fundo, a bandeira fascista. Entre outros, encontram-se presentes o Dr. Giuseppe Aufiero (sentado ao centro, n.6) e Enrico Lupo (em pé, à direita, n.32), s.d.
Fonte: MIS-Ar.

Já os dois filhos de Enrico, Rômulo e Aldo, vicejaram na política, mas não brandindo sua filiação étnica. O primeiro deles, primogênito nascido em 1902, seguiu a carreira de industrial do pai. Em 1936, Rômulo elegeu-se vereador e, em 1951, presidiu a Associação Comercial de Araraquara. Cinco anos depois, obteria seu primeiro mandato como prefeito pela sigla trabalhista. Seu irmão Aldo, nascido em 1911, formou-se no curso de direito no Largo São Francisco em 1935 e concorreu ao cargo de prefeito em 1947 pela sigla trabalhista, derrotado pelo candidato ademarista. A partir de então, fez carreira política na capital: foi secretário de higiene da prefeitura de São Paulo e deputado estadual eleito em 1951 (Partido Trabalhista Nacional – PTN).

Nesse e em outros casos, a primeira geração, instalada nas cidades do interior paulista, havia se valido de trunfos étnicos para aumentar seu capital de relações sociais, participando ativamente de associações étnicas. Já a geração seguinte entrará na política participando de associações comerciais, profissionais e esportivas. Tais movimentos sugerem que a italianidade (cultivada pelas associações, imprensa, escolas etc.) não podia mais servir como critério de legitimação social e política para tais agentes sociais a partir do final dos anos 1930.

Em 1938, uma série de decretos proibiu também as atividades de partidos políticos (inclusive estrangeiros) no país e os *fasci* foram, ao menos oficialmente, extintos, embora alguns tenham mantido algumas atividades clandestinamente, sob vista grossa das autoridades, mais preocupadas em debelar o "perigo alemão". E os próprios integralistas, inconformados com as sucessivas medidas varguistas que os colocaram no ostracismo político, foram desarticulados após tentarem, em duas ocasiões, organizar um levante.

De qualquer modo, filhos de italianos bem-sucedidos, ainda que impossibilitados de afirmar seus trunfos étnicos, fortaleceram-se a partir do movimento associativo classista. O enfraquecimento do coronelismo e o próprio arranjo das interventorias implementado por Vargas reclamavam uma renovação de quadros políticos municipais, de modo que novas oportunidades de cargos foram abertas com o fortalecimento do aparelho estatal no âmbito local em escolas, agências, secretarias, sindicatos etc. Filhos de italianos urbanos, bem posicionados social e economicamente, decerto integrarão e usufruirão dessa espécie de recrutamento de elites emergentes, não oligárquicas, para cargos públicos.

A partir dos anos 1930, quer no formato de associações comerciais, de sindicatos, de associações hospitalares,[88] da rede escolar ou de cargos públicos no aparelho de estado em expansão, aos descendentes de italianos são oferecidas oportunidades de inserção política que seus pais jamais ousaram sonhar na Primeira República, contribuindo significativamente para as alterações que ocorrem na composição da elite política local no pós-guerra. Tal movimento, explorado sobretudo por setores urbanos de classe média, contribuirá para o esmaecimento das fronteiras étnicas vigentes ao longo da Primeira República, quando os italianos que lograram se aproximar das elites eram vistos como *outsiders* atravessadores de fronteiras.

Figura 84. Antiga foto da sede do Circolo Italiani Uniti em Campinas, construído por Ramos de Azevedo e inaugurado em 2 de maio de 1886. Três anos depois, o prédio foi utilizado como hospital para acolher as vítimas da febre amarela. Em 1920, tornou-se o hospital do Circolo Italiano Uniti e, em 1942, em função da campanha de nacionalização, passou a se denominar Casa de Saúde de Campinas (c.1900).
Fonte: MIS-Camp.

---

88 Em particular, as Santas Casas locais aos poucos foram dominadas por filhos de imigrantes, constituindo-se tais irmandades, em muitos casos, um apoio significativo para a inserção política de descendentes de italianos. Veja-se, por exemplo, Durham, op. cit., p.118.

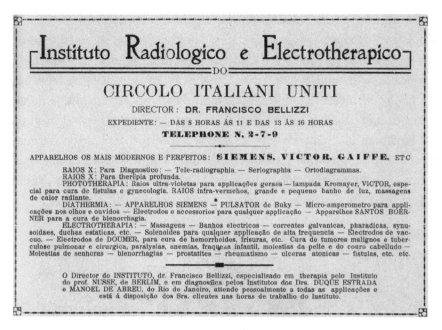

Figura 85. Anúncio do Instituto Radiológico e Elechtroterápico, dirigido por Francisco Bellizzi e mantido pelo Circolo Italiani Uniti, de Campinas (c.1927).
Fonte: Capri, *São Paulo em 1927*.

O importante, porém, é observar que a italianidade em nada influirá como demarcação entre os pertencentes ou não pertencentes ao campo da política local. Em 1942, a entrada do Brasil na guerra em confronto com os países do Eixo (aos quais a Itália se aliava), bem como a campanha de combatentes brasileiros no próprio território italiano, apenas agravaram a situação. Assim, quando a redemocratização ocorre em meados dos anos 1940, os descendentes de italianos que entrarão na política local não se valerão de suas origens étnicas para conseguir se eleger. Boa parte dos filhos de italianos eleitos pisará as câmaras municipais e prefeituras não como representantes de seu grupo étnico, mas apenas como indivíduos, 100% brasileiros, que desfrutaram de trajetórias de mobilidade social. De fato, conforme apurado em pesquisa envolvendo sete cidades médias do interior paulista, muitos descendentes de imigrantes, italianos em sua maioria, participarão ativamente da estruturação do sistema partidário no pós-guerra.[89] Mas o pragmatismo dessa

---

89 Truzzi et al., op. cit.

primeira geração de descendentes nascida no Brasil ante as novas condições políticas do país determinou a expressão nula do voto étnico no processo de redemocratização e a renúncia à italianidade como condição para a inserção na política local.

Figura 86. A guerra oficialmente declarada.
Fonte: UEIM-UFSCar.

Figura 87. Título de eleitor do italiano Augusto Patrizzi, expedido em 1934.
Fonte: FPM.

Partido Social Democratico
AO POVO

Para deputado estadual recomendamos ao sufragio das urnas, na eleição de 19 proximo, o nome do valoroso filho de São Carlos, nosso correligionario

DR. ALDO DE CRESCI

Figura 88. Propaganda eleitoral do candidato Aldo De Cresci, filho do italiano Salvatore De Cresci. Note-se que o candidato é qualificado como "valoroso filho de São Carlos"
Fonte: *Correio de São Carlos*, 12 jan. 1947, UEIM-UFSCar.

Referindo-se a Descalvado, Eunice Durham observou que

> [...] o término da guerra, e as novas condições econômicas que passam a atuar então, encontram uma população na qual os descendentes de imigrantes ocupam todas as posições da hierarquia social, e na qual a miscigenação e a aculturação destruíram o sentido de uma identidade étnica.[90]

A partir de então, esta nova condição se impôs de modo abrangente: para a maior parte da colônia, já distante da experiência migratória, a evocação de uma italianidade carecia de sentido e, ademais, tornara-se imprópria no contexto político. Tal situação não foi revertida pelo novo fluxo migratório de italianos chegados no pós-guerra,[91] seja em virtude de sua pouca expressão numérica, seja porque tais imigrantes, de perfil diferenciado, tinham muito pouco interesse em cultivar a italianidade, o que exigiria um grau mínimo de identificação com a anterior massa migratória de colonos.

---

90 Durham, op. cit., p.120.
91 Pereira, *Italianos no mundo rural paulista*, e La Cava, *Italians in Brazil: The Post-World War Experience*.

Figura 89. Uma das últimas manifestações étnicas da colônia italiana de Ribeirão Preto: festa da Befana (personagem do folclore italiano) ocorrida no Teatro D. Pedro no dia de Reis, em 6 de janeiro de 1941.
Fonte: APHRP.

Figura 90: Pracinhas brasileiros em exercício na Itália, s.d.
Fonte: MIS-Ar.

À guisa de conclusão

Ao longo deste percurso relativamente extenso, procurou-se observar como a italianidade no interior paulista se desenvolveu, sujeita a processos que operaram tanto em nível individual e de grupo quanto em um âmbito mais estrutural. Entre os primeiros, importa ressaltar o *background* cultural, social e econômico pouco favorável dos imigrantes italianos aqui chegados, a maioria deles recrutados por uma política migratória de subsídios cujo objetivo era, sobretudo, prover a grande propriedade cafeeira com fartura de mão de obra.

Carentes de recursos de toda ordem, a maioria dos imigrantes italianos aqui chegados eram despossuídos inclusive de uma identidade nacional, dadas as enormes discrepâncias regionais e a unificação relativamente tardia da Itália no contexto europeu. Dito isso, a própria condição comum de imigrante – entre os *oriundi* –, aliada ao contato (por vezes conflituoso) com outros segmentos da população já nativa e com outros grupos imigrados, tratou de aos poucos erigir o reconhecimento de uma italianidade, forjada já na sociedade de acolhimento, contribuindo para que imigrantes de diversas partes da Itália enxergassem a si próprios como italianos. As interações com indivíduos cujas identidades raciais ou nacionais já formavam fronteiras razoavelmente estabelecidas criaram uma alteridade que designava a Itália, na condição de espaço geográfico e simbólico, como a região de origem do grupo.

As identificações foram então construídas pelo contraste com outros grupos, isto é, de forma relacional.

Assim, a identidade italiana emergida a partir da emigração para São Paulo foi mediada tanto pela política imigratória do governo paulista quanto pelas relações de sociabilidade que esses sujeitos teceram na sociedade de adoção, exemplificando a possibilidade de construção de uma identidade nacional fora do contexto do estado-nação, ou seja, a criação de uma italianidade já fora da Itália, no próprio contexto paulista.

Nesse processo, chamam a atenção tanto a necessidade de afirmação racial como brancos, contrastiva em relação à população negra de origem escrava, quanto a valorização de uma ética de trabalho, de caráter preponderantemente individualista, associada aos imigrantes de modo geral (naturalmente aí incluídos os italianos).

Influenciada por possibilidades alternativas de inserção no mercado de trabalho, a identidade italiana se desdobrará a partir de então por percursos distintos, segundo a localização do domicílio em meio rural ou urbano. No meio rural, onde se empregava a maioria dos imigrantes, o potencial fortalecimento de uma identidade étnica italiana foi solapado pelo isolamento dos colonos, pela fatigante labuta diária, pelo regime disciplinar austero vigente nas fazendas e pela mobilidade geográfica constante de colonos entre propriedades, condições que em seu conjunto pouco favoreciam a sociabilidade do grupo. Já nas primeiras décadas do século XX, a diferenciação social crescente entre italianos no meio rural, aliada à descontinuidade brusca do fluxo de novos imigrantes italianos a São Paulo, igualmente desfavoreceu os vínculos com a origem, e, em decorrência disso, qualquer sentido de pertencimento comum entre italianos no meio rural paulista.

Restou o âmbito doméstico, onde o sentimento de uma identidade étnica entre italianos – mesmo que provincial ou regional – teve como trincheira importante a esfera das relações familiares, conforme atestam as práticas endogâmicas, muito comuns até pelo menos a terceira década do século XX. Ali a identidade étnica resistiu, pois era o meio no qual se teciam as estratégias mais caras à aquisição, manutenção ou ampliação da propriedade rural familiar.

Com a crise agrária generalizada nos anos 1930, parte desses italianos e de seus descendentes tomará o rumo das cidades, acompanhando o êxodo rural generalizado, enquanto outra parte permanecerá no campo, acedendo agora à condição de proprietário em rincões mais profundos do oeste paulista.

Em ambos os casos, a distância temporal da grande emigração, a chegada das novas gerações nascidas em São Paulo e os determinantes da inserção por classe no tecido social acarretarão a partir de então a relevância cada vez menor das distinções étnicas nas trajetórias familiares do grupo.

No meio urbano dos municípios do interior, os italianos tiveram maiores possibilidades de se congregar. Na maior parte das cidades, fundaram associações mutualistas, passaram a dominar parcelas bastante expressivas do comércio e da indústria locais, e, ao prosperar, constituíram-se como elites étnicas que disputavam prestígio social. Contudo, tais disputas, favorecidas pelas diferentes extrações entre italianos do Norte e do Sul, associadas ainda à fraca penetração das associações no meio rural, compuseram um quadro associativo relativamente anêmico.

Até o final dos anos 1920, chama a atenção, como já se observou, a atuação apenas indireta, tanto do Estado italiano quanto do governo paulista, em influir sobre as identidades nacionais dos imigrantes italianos, em nítido contraste com o que se passará nas décadas de 1930 e 1940, sob a vigência do regime fascista e do Estado Novo.

A emergência do fascismo na Itália tentará revigorar o sentimento de identidade nacional, sobretudo por meio do binômio fascismo – italianidade. Diante da ascensão da Itália ao conjunto das nações poderosas, a colônia italiana reagirá de modo diferenciado, segundo clivagens geracionais e de classe: em meio ao menor entusiasmo entre os estratos menos privilegiados da colônia, o fascismo seduziu com mais vigor os mais abastados e as classes médias. Também obteve maior adesão entre os que haviam nascido na Itália, enquanto os filhos de italianos preferiam de modo geral abraçar o integralismo nacionalista. Assim, a partir dos anos 1930, não era incomum a ocorrência de conflitos no seio da vasta colônia italiana que habitava o interior paulista, que obedeciam ora a alinhamentos econômicos, ora a ideológicos, culturais e geracionais.

O relativo entusiasmo com o fascismo, que ao longo da década de 1930 de algum modo estimulou a italianidade entre setores da colônia, soçobrou com a decretação do Estado Novo e, mormente, com a campanha de nacionalização encetada por Vargas ao final da década. A implementação, ao final de 1941, da repressão étnica à imprensa, escolas e associações apenas antecipou o golpe de misericórdia, concretizado pela entrada no Brasil no conflito mundial no ano seguinte, tendo como adversária a própria Itália. De modo muito pragmático, os próprios filhos de italianos bem-sucedidos logo compreenderam o novo momento político e passaram a abraçar as novas oportunidades que se abriam, afirmando-se integralmente brasileiros.

Ademais, a diferenciação social no seio da própria colônia, pautada pelo "abismo insuperável entre quem gozava de prestígio social e fortuna econômica e quem permanecera pobre",[1] associada à escassa ocorrência de atitudes xenófobas em relação aos italianos no meio social do interior, ambos processos incapazes de gerar coesão étnica, determinaram a prevalência de alinhamentos de classe nas comunidades de italianos do interior paulista.

A partir de então, assiste-se ao coroamento do processo de "des-etnização": o reduto da italianidade se circunscreveu ao campo delimitado pelo que o sociólogo norte-americano Herbert Gans denominou "etnicidade simbólica": uma forma de etnicidade vivenciada por indivíduos que podem "se sentir étnicos" ocasionalmente em família, cultivando tradições alimentares ressignificadas, ou em atividades de lazer e religiosas, mas que implica poucos compromissos na vida social do dia a dia.[2]

Foi, portanto, por meio desse longo e conturbado processo que muitos brasileiros nascidos em lares de famílias italianas (especificamente, para efeito desta obra, no interior paulista) tornaram-se definitivamente nacionais, completamente desapegados das origens de seus antepassados, salvo pelos resquícios renitentes de uma tradição culinária ou religiosa herdada, mas mesmo assim certamente abrasileirada.

Mais recentemente, a partir dos anos 1980 e 1990 (período que foge ao escopo deste trabalho), assistiu-se a uma revalorização da italianidade entre estratos da classe média oriundos de terceira ou quarta geração. No Brasil, como argumentou Catarina Zanini, "a construção de uma identidade [italiana] positiva foi um processo que se consolidou nas últimas décadas do século passado".[3] Tal movimento de recuperação da ancestralidade italiana se associa às vantagens (dificilmente revertidas, porém, em oportunidades de emprego) e ao prestígio de se obter um passaporte da União Europeia. De

---

1 Trento, *Do outro lado do Atlântico: um século de imigração italiana no Brasil*, p.394.
2 Gans, Symbolic ethnicity: the future of ethnic groups and cultures in America. *Ethnic and Racial Studies*, v.2, n.1, p.1-20.
3 Zanini, Um olhar antropológico sobre fatos e memórias da imigração italiana. *Mana*, v.13, p.523.

outra parte, alinha-se à celebração de trajetórias familiares,[4] na contravalsa da dinâmica geracional: como de modo curioso e procedente observou o historiador norte-americano Marcus Lee Hansen, "o que o filho deseja esquecer, o neto deseja relembrar"... .

Por fim, para retomar por onde começamos, é apropriado reconhecer que os processos aqui analisados de fortalecimento ou de enfraquecimento das identidades étnicas de italianos no interior paulista obedeceram a conjunturas histórico-estruturais diversas e dependeram de fatores que operaram tanto em nível individual, como em nível de grupo ou institucional. São eles que configuraram as trajetórias de adaptação desses imigrantes e de seus descendentes à nova sociedade. Como sugeriram Richard Alba e Victor Nee,[5] tais mecanismos podem ser agrupados sob duas ordens: a) mecanismos individuais e de grupo, configurados pelas formas de capital (social, econômico e educacional) que os italianos possuíam ao chegar e b) mecanismos estruturais de assimilação, que se orientaram pelas possibilidades de inserção no mercado de trabalho – aqui desenvolvidas tanto no cenário rural quanto no urbano – e pelos arranjos institucionais dos estados – aqui entendidos por seus desdobramentos políticos e ideológicos tanto na origem, Itália, quanto no destino, Brasil.

---

4 Para o tema, consultar Zanini, Ibid., e Tedesco e Rosseto, *Festas e saberes: artesanatos, genealogias e memória imaterial na região colonial do Rio Grande do Sul*.
5 Alba e Nee, *Remaking the American mainstream: assimilation and contemporary immigration*.

Créditos das imagens

Figura 1: Truzzi, O. *Café e indústria*. São Carlos, 1850-1950. São Paulo e São Carlos: Imesp e EdUFSCar, 2007.

Figuras 2 e 46: Argollo, A. *Arquitetura do café*. Campinas e São Paulo: Editora da Unicamp e Imprensa Oficial, 2004, p.144 e 169.

Figuras 3, 26 e 77: Bassanezzi, M. S.; Scott, A. S. V.; Bacellar, C.; Truzzi, O. *Atlas da imigração internacional em São Paulo, 1850-1950*. São Paulo: Editora Unesp, 2008, p.53, 78 e 97.

Figura 4: Arquivo Edgard Leuenroth (AEL), IFCH / Unicamp.

Figura 5: Acervo particular, família Malta Campos.

Figuras 6, 10, 11, 16, 28, 47, 69 e 87: Fundação Pró-Memória (FPM), São Carlos.

Figuras 7, 58, 75, 76 e 89: Arquivo Público Histórico de Ribeirão Preto (APHRP).

Figuras 8, 22, 31, 32, 33, 35, 39, 44, 54, 55, 56, 59, 60, 61, 63, 64, 65, 66, 67, 68 e 70: Rottelini, V. (Org.). *Il Brasile e gli Italiani*. Firenze: R. Bemporad & Figlio, 1906.

Figura 9: Tirapeli, P. *São Paulo*: artes e etnias. São Paulo: Editora Unesp e Imprensa Oficial, 2007, p.263.

Figuras 12, 72, 74, 83 e 90: Museu da Imagem e Som, Araraquara (MIS-Ar).

Figura 13: Arquivo Público do Estado de São Paulo (Apesp).

Figura 14: Centro de Memória – Unicamp (CMU), Coleção V8.

Figuras 15, 17, 18, 19, 20, 21, 23, 45, 50 e 78: Centro de Memória – Unicamp (CMU), Coleção Secretaria de Agricultura, Comércio e Obras Públicas do Estado de São Paulo (SACOP).

Figura 24: Bertarelli, E. et al. (Eds). *Gli Italiani nel Brasile*. São Paulo: Sociedade Ítalo-Brasileira Editora (SIBE), 1924.

Figuras 25, 38, 40, 41 e 85: Capri, R. *São Paulo em 1927*.

Figuras 27, 43, 51 e 52: Capalbo, C. R. *Memória fotográfica de Jaboticabal, 1890-1978*. Jaboticabal: Multipress Gráfica e Editora.

Figuras 29, 30, 34, 73, 79 e 81: Arquivo Histórico Municipal (AHM), Franca.

Figuras 36, 37, 82, 86 e 88: Unidade Especial de Informação e Memória (UEIM-UFSCar).

Figuras 42, 49, 53 e 62: Gerodetti, J. E.; Cornejo, C. *Lembranças de São Paulo – o interior paulista nos cartões-postais e álbuns de lembranças*. São Paulo: Solaris, 2003.

Figura 48: Lopes, L. V. *Memória fotográfica de Araraquara. 100 anos de fotografia*. 1999 (CD-Rom).

Figura 57: Acervo pessoal, Antonio Pellicano Junior.

Figura 71: Acervo pessoal, Oswaldo Truzzi.

Figura 80: Associação Comercial e Empresarial (ACE). Catanduva, 2005.

Figura 84: Museu da Imagem e do Som, Campinas (Mis-Camp).

Referências bibliográficas

ACE – Catanduva 1930-2005. Catanduva: Fotogravura Rio Preto, 2005.
ALBA, R.; NEE, V. *Remaking the American Mainstream*: Assimilation and Contemporary Immigration. Cambridge: Harvard University Press, 2003.
ALVIM, Z. *Brava gente!* Os italianos em São Paulo. 2.ed. São Paulo: Brasiliense, 1986.
ANDERSON, B. *Comunidades imaginadas*: reflexões sobre a origem e a difusão do nacionalismo. São Paulo: Companhia das Letras, 2008.
ARANTES, L. *Dicionário rio-pretense*. São José do Rio Preto: Ed. Rio-pretense, 1997.
ARAUJO, J. R. *Migna terra*. Migrantes italianos e fascismo na cidade de São Paulo (1922-1935). Tese de Doutorado. Universidade Estadual de Campinas, Campinas, 2003.
ARGOLLO, A. *Arquitetura do café*. Campinas e São Paulo: Editora da Unicamp e Imprensa Oficial, 2004.
AZZI, R. Religione e pátria: l'opera svolta dagli scalabriniani e dai salesiani fra gli immigrati. In: TRENTO, A.; COSTA, R.; DE BONI, L. (eds.). *La presenza italiana nella storia e nella cultura del Brasile*. Torino: Fondazione Giovanni Agnelli, 1991.
BACELLAR, C.; BRIOSCHI, L. *Na estrada do Anhanguera*: uma visão regional da história paulista. São Paulo: Humanitas e FFLCH/USP, 1999.
BANDEIRA JR., A. F. *A indústria no Estado de São Paulo em 1901*. São Paulo: Typ. do Diario Official, 1901.
BARBOSA, A. S. *Empresariado fabril e desenvolvimento econômico*: empreendedores, ideologia e capital na indústria do calçado. São Paulo: Hucitec; Fapesp, 2006.
BARRIGUELLI, J. C. *Subsídio à história das lutas no campo em São Paulo (1870-1956)*. v.2. São Carlos: UFSCar, Arquivo de História Contemporânea, 1981.

BARTH, F. Grupos étnicos e suas fronteiras. In: POUTIGNAT, P. *Teorias da etnicidade*. São Paulo: Editora Unesp, 1998.

BASCH, L. G.; GLICK SCHILLER, N.; BLANC-SZANTON, C. *Nations Unbound*: Transnational Projects, Post-Colonial Predicaments and De-Territorialized Nation-States. Langhorne, PA: Gordon and Breach, 1994.

BAZZANEZI, M. S. B. Family and Immigration in the Brazilian Past. In: BAILY, S. L.; MÍGUEZ, E. J. *Mass Migration to Modern Latin America*. Wilmington: Scholarly Resources Inc., 2003.

_____. *Fazenda Santa Gertrudes*: uma abordagem quantitativa das relações de trabalho em uma propriedade rural paulista, 1895-1920. Tese de Doutorado. Universidade Estadual Paulista "Júlio de Mesquita Filho", Rio Claro, 1993.

BASSANEZI, M.; SCOTT, A.; BACELLAR, C.; TRUZZI, O. *Atlas da imigração internacional em São Paulo 1850-1850*. São Paulo: Editora Unesp, 2008.

BEIGUELMAN, P. *A formação do povo no complexo cafeeiro*: aspectos políticos. São Paulo: Edusp, 2005.

BERTARELLI, E. et al. (Eds.). *Gli Italiani nel Brasile*. São Paulo: Sociedade Ítalo-Brasileira Editora (SIBE), 1924.

BERTONHA, J. F. *O fascismo e os imigrantes italianos no Brasil*. Porto Alegre: EdiPUCRS, 2001.

_____. *Os italianos*. São Paulo: Contexto, 2005.

BIANCO, M. E. B. *A sociedade promotora de imigração (1886-1895)*. Dissertação de Mestrado, Faculdade de Filosofia, Letras e Ciências Humanas, Departamento de História, Universidade de São Paulo, São Paulo, 1982. (mimeo).

BIONDI, L. *Classe e nação*: trabalhadores e socialistas italianos em São Paulo, 1890-1920. Campinas: Editora Unicamp, 2011.

BORGES, M. *Chains of Gold*: Portuguese Migration to Argentina in Transatlantic Perspective. Leiden: Brill, 2009.

BOURDIEU, P. *A economia das trocas linguísticas*: o que falar quer dizer. São Paulo: Edusp, 1996.

BRAUDEL, F. *Os homens e a herança no Mediterrâneo*. São Paulo: Martins Fontes, 1988.

BUSCH, R. *História de Limeira*. Limeira: Prefeitura Municipal de Limeira, 1967.

CANESI, V. *Società di Mutuo Soccorso. Il 20 Settembre*. Ribeirão Preto, 20 set. de 1890.

CAPALBO, C. R. *Memória fotográfica de Jaboticabal, 1890-1978*. Jaboticabal: Multipress Gráfica e Editora, s.d.

CAPRI, R. *São Paulo em 1927*.

CENNI, F. *Italianos no Brasil:* "Andiamo in 'Mérica...". São Paulo: Edusp, 2003.

CHOATE, M. *Emigrant Nation*: The Making of Italy Abroad. Harvard: Harvard University Press, 2008.

CONSTANTINO, N. Gli emigrante dall'Italia del sud a Porto Alegre. In: TRENTO, A.; COSTA, R.; DE BONI, L. (eds.). *La presenza italiana nella storia e nella cultura del Brasile*. Torino: Fondazione Giovanni Agnelli, 1991.

CORRÊA, A. *História social de Araraquara*. São Paulo: FFLCH-USP, 1967.

DE BONI, L. Le colonie del Brasile meridionale nei documenti delle autorità italiane. In: TRENTO, A.; COSTA, R. e DE BONI, L. (eds.). *La presenza italiana nella storia e nella cultura del Brasile*. Torino: Fondazione Giovanni Agnelli, 1991.

DE LUCA, D. O elemento italiano no progresso de São Carlos. In: CAMARGO, J. (ed.). *Almanach Annuario de São Carlos*. São Carlos, 1928.

DE ZETTIRY, A. *I coloni italiani nello stato di S. Paolo*. La Rassegna Nazionale, 70(15), p.66-70, 1893.

DEAN, W. *A industrialização de São Paulo (1880-1945)*. São Paulo: Difel, 1971.

_____. *Rio Claro*: um sistema brasileiro de grande lavoura, 1820-1920. Rio de Janeiro: Paz e Terra, 1977.

DENIS, P. *Le Brésil au XXe siècle*. Paris: Armand Colin, 1911.

DEVOTO, F. *Historia de la inmigración en la Argentina*. Buenos Aires: Editorial Sudamericana, 2.ed., 2004.

_____. *Historia de los italianos en la Argentina*. Buenos Aires: Editorial Biblos, 2.ed., 2008.

DI GIANNI, T. *Italianos em Franca*. Franca: Editora Unesp, 1997.

DIEGUES JR., M. *Imigração, industrialização e urbanização*. Rio de Janeiro: CBPE, 1964.

DURHAM, E. *A dinâmica da cultura*. São Paulo: Cosac Naify, 2004.

FARINA, A. *Uniamoci!* Lo Scudiscio. Ribeirão Preto, 7 maio 1899.

FAUSTO, B.; DEVOTO, F. *Brasil e Argentina*: um ensaio de história comparada, 1850-2002. São Paulo: Editora 34, 2004.

FOERSTER, R. F. *The Italian Emigration of Our Times*. Cambridge: Harvard University Press, 1919.

FONT, M. *Coffee, Contention and Change in The Making of Modern Brazil*. Nova York: Basil Blackwell, 1990.

FRANZINA, E. *A grande emigração*: o êxodo dos italianos do Vêneto para o Brasil. Campinas: Ed. Unicamp, 2006.

FURLANETTO, P. *O associativismo como estratégia de inserção social*: as práticas sócio-culturais do mutualismo imigrante italiano em Ribeirão Preto (1895-1920). Tese de Doutoramento apresentada à FFCL-USP. USP: São Paulo, 2007.

GABACCIA, D. R. *Italy's Many Diasporas*. London and New York: Routledge, 2003.

GANS, H. *Symbolic Ethnicity*: The Future of Ethnic Groups and Cultures in America. Ethnic and Racial Studies, 2:1, p.1-20, 1979.

GARCIA, M. *Trabalhadores rurais em Ribeirão Preto*: trabalho e resistência nas fazendas de café (1890-1920). Franca: FHDSS; Unesp, 1997.

GERODETTI, J. E.; CORNEJO, C. *Lembranças de São Paulo – o interior paulista nos cartões-postais e álbuns de lembranças*. São Paulo: Solaris, 2003.

GROSSELI, R. *Vencer ou morrer*. Camponeses trentinos (vênetos e lombardos) nas florestas brasileiras. Florianópolis: EdUFSC, 1987.

HALBWACHS, M. *A memória coletiva*. São Paulo: Centauro, 2013.

HALL, M. *The Origins of Mass Immigration in Brazil*. Tese de Doutorado. Faculty of Political Science, Columbus University, Nova York, 1969.

HALL, S. *A identidade cultural na pós-modernidade*. São Paulo: DP&A Editora, 2003.

HALL, S. Quem precisa de identidade. In: SILVA, T. T.; HALL, S.; WOODWARD, K. (Org.). *Identidade e diferença*: a perspectiva dos estudos culturais. Petrópolis: Vozes, 2008.

HOBSBAWM, E. *Nações e nacionalismo desde 1780*. Rio de Janeiro: Paz e Terra, 1990.

HOFBAUER, A. O conceito de "raça" e o ideário do "branqueamento" no século XIX: bases ideológicas do racismo brasileiro. *Teoria & Pesquisa*, 42-43, jan.-jul. 2003.

HOLLOWAY, T. *Imigrantes para o café*. Rio de Janeiro: Paz e Terra, 1984.

_____. Italians in São Paulo, Brazil: From Rural Proletariat to Middle Class. In: TROPEA, J. L. et al. (eds.). *Support and Struggle*: Italians and Italian Americans in a Comparative Perspective. New York, Proceedings of the 17th Annual Conference of the American Historical Association (AIHA), 1986, p.115-30.

HUTCHINSON, B, et al. *Mobilidade e trabalho*: um estudo da cidade de São Paulo. Rio de Janeiro: Instituto Nacional de Estudos Pedagógicos, MEC, CBPE, 1960.

HUTTER, L. M. *Imigração italiana em São Paulo (1880-1889)*. São Paulo: IEB, 1972.

IZIDORO FILHO, M. *Reminiscências de Bebedouro*. Ribeirão Preto: Legis Summa, 1991.

LA CAVA, G. *Italians in Brazil*: The Post-World War Experience. New York: P. Lang, 1999.

LEITE, S. *Os italianos no poder*: cidadãos catanduvenses de virtude e fortuna, 1918-1964. Tese de Doutorado. Unesp/FCL, Araraquara, 2006.

LEVY, M. S. F. O papel da migração internacional na evolução da população brasileira (1872 a 1972). *Revista de Saúde Pública*, São Paulo, 8 (supl.): 49-70, 1974.

LEVY, M. S. F.; SCARANO, J. O imigrante em São Paulo: casamento e nupcialidade. *Revista População e Família*, São Paulo, v.2, 1999.

LOPES, L. V. *Memória fotográfica de Araraquara*. 100 anos de fotografia. 1999 (CD-Rom).

LORENZO, H. *Origem e crescimento da indústria na região "Araraquara/São Carlos", 1900-1970*. FFLCH-USP, 1979.

LOTÚMULO JR, J.; TOLENTINO, M. *O centenário de um ideal* – a história da Loja Maçônica "Eterno Segredo". Piracicaba: C.N. Editoria, 2000.

LUCONI, S. *From Paesani to White Ethnics*: The Italian Experience in Philadelphia. Albany: State University New York Press, 2001.

MAIO, M. C.; SANTOS, R. V. (Orgs.). *Raça, ciência e sociedade*. Rio de Janeiro: Fiocruz, 1996.

MARCONDES, R.; GARAVAZO, J. Comércio e indústria em Ribeirão Preto de 1890 a 1962. In: *Associação Comercial e Industrial de Ribeirão Preto*: um espelho de 100 anos. Ribeirão Preto: Gráfica São Francisco, 2004, p.211-22.

MARTINS, N. L. (Org.). *ACIC 70 anos*. Catanduva: Ramon Nobalbos, 2000.

MASI, G. La Calabria e l'emigrazione: um secolo di partenze (1876-1976). *Rivista Calabrese di Storia del'900*, supl.1, p.9-26, 2013.

MANFROI, O. *A colonização italiana no Rio Grande do Sul*: implicações econômicas, políticas e culturais. Porto Alegre: Grafosul-IEL-DAC-SEC, 1975.

MAZUTTI, S. M. *Italianos em formação (São Carlos, 1882-1914)*. Dissertação de Mestrado. Centro de Educação e Ciências Humanas, Universidade Federal de São Carlos, São Carlos, 2009.

MEDEIROS, S. *Resistência e rebeldia nas fazendas de café de São Carlos, 1888 a 1914*. Dissertação de mestrado. Centro de Educação e Ciências Humanas. Universidade Federal de São Carlos, São Carlos, 2004.

MIGUEZ, E. J. et al. Hasta que la Argentina nos una: reconsiderando las pautas matrimoniales de los inmigrantes, el crisol de razas y el pluralismo cultural. *Hispanic American Historical Review*, v.71, n.4, p.781-808, 1991.

MONSMA, K. Symbolic Conflicts, Deadly Consequences: Fights Between Italians and Blacks in Western São Paulo, 1888-1914. *Journal of Social History*, v.40, n.4, p.1123-52, 2006.

MONSMA, K. Vantagens de imigrantes e desvantagens de negros: emprego, propriedade, estrutura familiar e alfabetização depois da abolição no Oeste Paulista. *Dados*, v.53, p.509-43, 2010.

MONSMA, K.; TRUZZI, O.; VILLAS BOAS, S. Entre la pasión y la familia: casamentos interétnicos de jovenes italianos en el oeste paulista, 1889-1916. *Estudios Migratorios Latinoamericanos*, año 18, n.54, p.241-70, 2004.

MORTARA, G. A imigração italiana no Brasil e algumas características demográficas do grupo italiano de São Paulo. *Revista Brasileira de Estatística*, XI(42), p.323-36, 1950.

NOSELLA, P.; BUFFA. E. *Universidade de São Paulo*: escola de engenharia de São Carlos – os primeiros tempos: 1948-1971. São Carlos: EdUFSCar, 2000.

NUGENT, W. *Crossings*: The Great Transatlantic Migrations, 1870-1914. Bloomington: Indiana University Press, 1995.

OLIVEIRA, F. *Impasses no novo mundo*: imigrantes italianos na conquista de um espaço social na cidade de Jaú (1970-1914). São Paulo: Editora Unesp, 2008.

OLIVEIRA, M. C.; PIRES, M. C. S. A imigração italiana para o Brasil e as cidades. *Textos Nepo*, Campinas, v.21, p.4-33, 1991.

ORTIZ, R. Memória coletiva e sincretismo científico: as teorias raciais do século XIX. *Cadernos CERU*, n.17, 1982.

PEREIRA, J. B. B. *Italianos no mundo rural paulista*. São Paulo: Pioneira e IEB/USP, 1974.

PISANI, S. *Lo stato di San Paolo nel cinquantenario dell'immigrazione*. Typ. Napoli, 1937.

PORTES, A. Convergências teóricas e dados empíricos no estudo do transnacionalismo imigrante. *Revista Crítica de Ciências Sociais*, 69, p.73-93, 2004.

PORTES, A.; ZHOU, M. The New Second Generation: Segmented Assimilation and Its Variants. *Annals of the American Academy of Political and Social Science*, n.530, 1993.

ROSSI, A. Condizioni dei coloni italiani nello Stato di S. Paolo del Brasile. *Bollettino dell'emigrazione*, 7, p.3-88, 1902.

ROTELLINI, V. *Il Brasile e gli italiani*. Firenze: R. Bemporad & Figlio, 1906.

SANTOS, I. P. A sociedade promotora de imigração: formação e influência, 1886-1895. *Histórica*, n.25, 2007. Disponível em: <http://www.historica.arquivoestado.sp.gov.br/materias/anteriores/edicao25/materia02>. Acesso em: 5 jun. 2014.

SÃO PAULO. *Relatório da Secretaria de Agricultura do Estado*, 1914.

SCHWARCZ, L. M. *O espetáculo das raças*: cientistas, instituições e questão racial no Brasil, 1870-1930. São Paulo: Companhia das Letras, 1995.

SCHWARCZ, L. M.; QUEIROZ, R. S. (Orgs.). *Raça e diversidade*. São Paulo: Edusp, 1996.
SERENI, E. *Il capitalismo nelle campagne (1860-1900)*. Torino: Giulio Einaudi, 1980.
SEYFERTH, G. *Imigração e cultura no Brasil*. Brasília: Editora da UnB, 1990.
SPICACCI, F. Ai Lettori. *La Libertà*. Giornale Critico Popolare. Ano 1, n.1. Rio Claro, 13 out. 1891.
TEDESCO, J. C.; ROSSETO, V. *Festas e saberes*: artesanatos, genealogias e memória imaterial na região colonial do Rio Grande do Sul. Passo Fundo: Méritos, 2007.
TEIXEIRA, R. *Associações italianas no interior paulista num espaço compartilhado*: nacionalismo e italianidade sob a perspectiva da história local. Tese de Doutorado. Programa de Pós-Graduação em Sociologia, Universidade Federal de São Carlos, São Carlos, 2011.
_____. Nacionalismo – fascismo – italianidade. *Locus: Revista de História*, v.14, n.2, p.187-204, 2008.
_____. Società Italiani Uniti: do triunfo à decadência. A emergência do fascismo. *Topoi*, v.14, n.26, p.143-61, 2013.
TILLY, C. Transplanted Networks. In: YANS McLAUGHLIN, V. *Immigration Reconsidered*: History, Sociology and Politics. Nova York; Oxford: Oxford University Press, 1990.
TIRAPELI, P. *São Paulo*: artes e etnias. São Paulo: Editora Unesp e Imprensa Oficial, 2007.
TOLEDO, E. *Industrialização de Bauru*. A atividade industrial e o espaço geográfico, das origens à situação atual. Dissertação de Mestrado. PPGG/Unesp. Rio Claro, 2009.
TRENTO, A. *Fascismo italiano*. São Paulo: Ática, 1986.
_____. *Do outro lado do Atlântico*: um século de imigração italiana no Brasil. São Paulo: Nobel, 1989.
_____. *Imprensa italiana no Brasil, séculos XIX e XX*. São Carlos: EdUFSCar, 2013.
_____. Italianità in Brazil: A Disputed Object of Desire. In: TOMASI, L. et al. *The Columbus People*: Perspectives in Italian Immigration to The Americas and Australia. Nova York: Center for Migration Studies, 1994.
TRUZZI, O. *Café e indústria*. São Carlos, 1850-1950. São Paulo e São Carlos: IMESP e EdUFSCar, 2007.
_____. *Patrícios* – sírios e libaneses em São Paulo. 2.ed. São Paulo: Editora Unesp, 2008.
_____. Padrões matrimoniais na economia cafeeira paulista: São Carlos, 1860-1930. In: *Anais do XVII Encontro Nacional de Estudos Populacionais 2010*. Campinas: ABEP, 2010.
_____. Assimilação re-significada: novas interpretações de um velho conceito. *Dados*, Rio de Janeiro, v.55, p.517-53, 2012.
_____. Padrões de nupcialidade na economia cafeeira de São Paulo (1880-1930). *Revista Brasileira de Estudos de População* (Impresso), v.29, p.169-89, 2012b.
TRUZZI, O.; BASSANEZI, M. S. População, grupos étnico-raciais e economia cafeeira: São Carlos, 1907. *Revista Brasileira de Estudos de População*, v.26, n.2, p.197-218, dez. 2009.
TRUZZI, O. et al. Mudança de fronteiras étnicas e participação política de descendentes de imigrantes em São Paulo. *Revista Brasileira de Ciências Sociais*, São Paulo, v.27, n.80, out. 2012.

VANGELISTA, C. *Os braços da lavoura*. São Paulo: Hucitec, 1991.
VECOLI, R. (Ed.). *Italian Immigrants in Rural and Small Town America*. Staten Island: The American Italian Historical Association, 1987.
WELCH, C. *The Seed Was Planted*. Pennsylvania: Pennsylvania State University Press, 1999.
ZANINI, M. C. C. Pertencimento étnico e territorialidade: italianos na região central do Rio Grande do Sul (Brasil). *Redes*, v.13, n.6, 2008.
ZANINI, M. C. C. Um olhar antropológico sobre fatos e memórias da imigração italiana. *Mana*, v.13, n.2, p.521-47, 2007.

SOBRE O LIVRO

Formato: 16 x 23 cm
Mancha: 29 x 44 paicas
Tipologia: Iowan Old Style 10/14
Papel: Offset 75 g/m² (miolo)
Cartão Supremo 250 g/m² (capa)
1ª edição: 2016

EQUIPE DE REALIZAÇÃO

Edição de Texto
Maria Angélica Beghini Morales (Copidesque)
Nair Hitomi Kayo (Revisão)

Editoração eletrônica
Eduardo Seiji Seki (Diagramação)

Capa
Estúdio Bogari

Assistência Editorial
Jennifer Rangel de França